中工書坊

就业、利息和货币通论

The General Theory of Employment,Interest and Money

[英] 凯恩斯/著
汪继红/编译　陈宏/审定

全新插图
普及本

中国工人出版社

图书在版编目（CIP）数据

就业、利息和货币通论 /（英）凯恩斯著；汪继红编译. —北京：中国工人出版社，2016.9

ISBN 978-7-5008-6536-0

Ⅰ.①就… Ⅱ.①凯… ②汪… Ⅲ.①凯恩斯主义 Ⅳ.①F091.348

中国版本图书馆CIP数据核字（2016）第213377号

就业、利息和货币通论

责任编辑	葛忠雨 宋 杨
责任校对	董春娜
责任印制	黄 丽
出版发行	中国工人出版社
地 址	北京市东城区鼓楼外大街45号 邮编：100120
网 址	http://www.wp-china.com
电 话	（010）62350006（总编室） （010）62005039（出版物流部） （010）62379038（社科文艺分社）
发行热线	（010）62005049 （010）62005042（传真）
经 销	各地书店
印 刷	北京市密东印刷有限公司
开 本	710毫米×1000毫米 1/16
印 张	15.25
字 数	200千字
版 次	2016年10月第1版 2021年9月第4次印刷
定 价	35.00元

推荐序

凯恩斯1936年出版的《就业、利息和货币通论》是经济学发展史上的划时代巨著，可以媲美亚当·斯密《国民财富的性质和原因的研究》一书，在经济学领域具有里程碑意义的光辉著作。

从学科的角度看，凯恩斯的《通论》开创了我们今天所熟悉的宏观经济学。而这之前的经济学内容，大致属于现在的微观经济学范畴，这个二分法来自于新古典综合派。这就是有了凯恩斯的《通论》，再有了萨缪尔森、希克斯等人的新古典综合派，有了微观经济学和宏观经济学的新古典综合。因此可以说，亚当·斯密的《国富论》标志着古典经济学的诞生，而凯恩斯的《通论》则是开创了现代宏观经济学体系。

从理论意义上说，1936年之前的经济学以个体经济行为分析为主，属于研究个量的价格理论。凯恩斯的《通论》首开以国民经济总体为研究对象、属于研究总量的收入理论。两者的理论背景也有很大不同，1936年之前的经济学是在短缺经济的背景下进行研究的，而凯恩斯的《通论》则是在过剩经济的背景下讨论国民收入问题的。

1936年凯恩斯的《通论》出版之后，经过众多经济学家的解释或争论，比如汉森、希克斯，特别是萨缪尔森等人，形成的新古典综合派逐渐成了经济学的主流并居于正统地位。这种地位在遭遇到20世纪70年代美国严重的“滞胀”

现象时才有所削弱。

从实践的角度看，凯恩斯的《通论》当时被认为拯救了陷入危机不能自拔的资本主义世界，所以才被称颂为“凯恩斯革命”。而成功带领美国走出大危机的“罗斯福新政”实践和凯恩斯《通论》理论也相互印证了彼此的价值。“二战”后，世界上很多国家、特别是西方国家几乎都采用了凯恩斯《通论》所提倡的政策主张，由此可见这本书对政府经济政策的巨大影响。

中国政府对宏观经济的调控思想、政策方法和手段，可以说是典型的“凯恩斯式”。中国政府在治理1993年的通货膨胀时，第一次成功地实践了凯恩斯主义的需求管理政策，使高涨的经济大约在1997年成功实现“软着陆”，告别了中国经济自改革开放以来始终大起大落的W型轨迹。中国经济也就在这个时期，不经意间告别了短缺经济的梦魇，悄然进入过剩经济模式。

进入新世纪以来，由于房地产市场的兴起、中国进入汽车时代，特别是加入世界贸易组织带来的红利，中国经济持续高歌猛进，直到最近几年逐渐放慢了脚步。现在，中国经济产能过剩与需求不足并存，是不是比较符合凯恩斯描述的非充分就业状态呢？中国政府现在强调“供给侧改革”，但面对持续的下滑趋势时又往往不得不使用凯恩斯主义的需求刺激政策，大规模的投资基础设施建设。

凯恩斯理论主要研究国民收入由哪些因素决定，然后使用经济政策去控制、去影响这些因素以提高国民收入，从而实现充分就业。凯恩斯理论中最主要分析的就是“投资”和“消费”这两个方面。今天，中国政府的需求管理政策着力点也是投资和消费，且往往是大规模的公共工程建设，实际上中国经济属于“投资驱动型”。

无论是从学科角度，还是从凯恩斯主义的理论价值，特别是对于中国宏观经济实践来说，研读凯恩斯的《就业、利息和货币通论》应当是经济学人的必修课，有着不可替代的理论和实践意义。

陈　宏

2016年9月

编译者序

今年距离英国经济学家凯恩斯出版《就业、利息和货币通论》(以下简称《通论》)一书刚好过去了80年。1936年,《通论》在英国出版,是经济学发展史上具有划时代意义的一件大事。随着这本书的出版,世界经济学研究进入了一个全新的领域。也正是从这本书开始,凯恩斯奠定了他在经济学界无与伦比的地位。

《通论》出版之前,经济学先后经历了原始的重商主义和以自由主义为核心的古典经济学理论体系两个阶段,尤其是后者,影响了西方200余年的时间。自由主义古典经济学思想在当时是如此的强大,以至于它已经成为经济学的代表,从没有人想过挑战它的权威,就连年轻的凯恩斯也是如此。

但在20世纪30年代,一场史无前例的全球性经济危机袭来,西方各国都不同程度地陷入了严重的危机当中,正是在这样的背景下,凯恩斯第一个站到了自由主义古典经济学的对立阵营中来。

凯恩斯早年曾受马歇尔、庇古等经济学家的影响,深信古典经济学派的观点是无比正确的,并一直致力于货币理论的研究。但面对这场席卷人类文明的大危机时,凯恩斯开始怀疑古典经济学理论的正确性。

尤其是面对在经济危机中完全失灵的市场,让凯恩斯意识到,自由经济并不能通过自我调节来完善自己,自由放任的经济政策也不可能永远让经济保持高速的运转而不出问题。凯恩斯开始思索自由主义古典经济可能存在的缺陷，进而大力鼓吹提高政府在经济中扮演角色的权重，并号召政府发挥其行政职能，增加公共工程开支，以此来增加就业，从而挽救濒临破产的资本主义经济体系。

凯恩斯的这些观点被总结成为凯恩斯主义，而在当时的历史背景下，凯恩斯主义渐渐被一些国家所采纳，也确实帮助这些国家渐渐走出了经济危机的泥潭，这其中最具有代表性的便是罗斯福执政下的美国[①]。

凯恩斯主义对于解决20世纪30年代这场世界性的经济危机具有神奇的作用，但对于整个世界的发展而言，凯恩斯主义也有其必然的局限性。

作为一种全局性的宏观经济学理论，凯恩斯主义过于强调投资和需求的重要性，却忽略了效率的重要性；凯恩斯主义强调政府在经济当中的主导作用，但却没有指出政府的主导作用该在何处停止；凯恩斯主义过于强调贸易顺差，但却对国际贸易中的壁垒问题避而不谈；凯恩斯主义关注的焦点是短期的经济问题，但有时往往忽略了长期的经济利益。

也正是因为有这么多的缺陷，所以在战后20世纪六七十年代，世界主流经济学也纷纷放弃了凯恩斯主义，并在吸纳了凯恩斯主义一些重要观点的基础之上，产生了新自由主义和新凯恩斯主义。今天，凯恩斯主义虽然已经作为经济学历史的一部分，被大多数经济学家束之高阁，但对于研究经济学的读者来说，了解经济学的发展脉络，尤其是了解自由主义向新自由主义过渡的这段划时代变革，凯恩斯的这本《通论》仍然是不可跳过的经典。

在这本公开出版的《通论》中，凯恩斯的核心观点是：就业量决定有效需求，消费倾向和投资量则决定就业量。在假定社会的消费倾向为既定的情况下，就业量的均衡水平就要由当前的投资量来决定，而投资量则取决于资本的边际效率和利率所确立的投资引导因素。

为了将自己的观点解释得更加透彻，凯恩斯将《通论》分成了五个重大的

---

① 1933年，美国总统富兰克林·德拉诺·罗斯福上任之后，为应对萧条的社会经济，实行了一系列刺激经济复苏的政策，政策的核心是：救济、复兴和改革。罗斯福新政被视为是凯恩斯主义的最好实践。

理论板块，分别论述了有效需求和就业理论、三大心理规律、乘数原理、工资和物价理论以及危机理论。这些板块打乱在全书的各个章节之中，读者在阅读的时候，需要注意将这几个重要的理论板块融合起来思考。

需要指出的是，在凯恩斯出版的《通论》中，最后的部分是凯恩斯关于《通论》实际意义的论述，这些论述在今天看来，多少是有一些过时的，而且与本书主要的论点无关，所以本书选择将这部分内容割舍，但这并不会影响读者对本书的阅读和对凯恩斯经济学理论的理解。

《通论》一书的历史意义在于，它彻底动摇了被追捧了200余年的古典经济学理论，引起了经济学理论上的一场革命。《通论》的出版，既标志着一个新的经济学体系的构成，也标志着人类经济学历史的前进方向，正因如此，凯恩斯的宏观经济学理论才和弗洛伊德所创的精神分析法、爱因斯坦发现的相对论一起，被并称为20世纪人类知识界的三大革命。

目　录

第一章　经济学的基本概念

第二章　消费倾向

第三章 投资诱导

第四章 货币工资

前言

我写这本书最直接的目的是影响与我同行的经济学者，当然，我也希望其他人能够读懂它。本书最主要的内容是讨论经济学理论上的一些难题，至于理论在实践中的应用，则居于次要地位。因为在我看来，如果传统的经济学有不尽善之处，那么这当中的缺陷主要就在于缺乏具有普适性的、明确的理论前提假设，所以，除非进行十分抽象的理论论证和进行大量的辨析阐述，是没有其他办法来促使现在的经济学者去批判或审视他们原来那些理论假设的。

原本，我希望这种理论论证和辨析阐述能够尽量少一些，但我认为它们的重要之处在于：我不仅要明晰地阐释我自己的观点，还要指出我的观点在哪些方面有别于现行的经济学理论。

我猜想，那些深深沉迷于我称为“古典经济学理论”的经济学者，将会陷入两种观念的纠葛当中。一种观念是完全否定我的理论；另一种观念则相对肯定我的理论，但同时也会认为它没有任何作用。在这两种观念之外，或许还存在其他意见，但这些都不是重要的，毕竟每个人对于每个理论都会有自己的判断。

在这里我还必须指出，在本书中我作出很多辨析阐述时，对于传统的经济学理论有批判之处，往往会显得过于尖锐。但请读者理解的是，我之所以用一些尖锐的词汇，完全是为了使我的理论和传统理论的分歧更明白地表现出来。

其实，就我个人而言，也曾经将我在本书中批判的某些理论视为真理，因而虽然现在我批判它，但也不想否认它的价值。

经济学上的问题总是非常复杂的，当我提出某个理论或者问题时，我需要的是说服经济学者，而并不是去获取群众的支持。虽然我也欢迎群众加入经济学讨论中来，但对于大多数群众而言，他们更适合做一个静静的旁观者，多听一些专业经济学者的观点和意见。

不过，由于经济学者之间在理论上的分歧，有时又使听众无从分辨哪一种理论是最正确的，这对于经济学理论本身也是一种破坏。但就目前来看，这种破坏还将持续下去。

在这本书之前，我曾经出版过一本《货币论》，本书中的一些名词术语与《货币论》会有雷同，但在对它们的解释上，我却因为这几年的学习和思考，有了更深一步的认识，对于这种认识的变化，我会在本书的具体章节中加以简要说明。

在理论方面，本书与《货币论》也有着一些明显的不同。五年前我撰写《货币论》时，仍然还坚持着传统的经济学思路，我把货币的影响看作是独立于供给和需求之外的东西，当《货币论》完成时，我已经在将货币理论拓展成总产量理论方面取得了一些进展。但是，因为我当时尚未摆脱传统经济学理论先入为主的思维惯性，所以没能透彻地探讨产出水平改变的后果，这正是那本书在理论部分的显著缺点。

在《货币论》当中，我所提出的"基本方程"只是在既定产出假设下的某一时间点的经济运行状态，它们证明的是：假设产出是既定的，为什么会有各种力量造成利润失衡，产出水平也因此而必定发生变动。但不同于对某个时间点经济的分析，《货币论》一书对于动态发展的论述是相对混乱的。

与《货币论》相反，这本书则演进为一本主要研究整体产出和就业规模究竟由哪些因素来决定的著作，而且，在本书中，虽然我仍然承认货币在经济体系中的特殊地位，但是对其技术细节则没有过多的展开讨论。读者将看到的是，货币经济本质上是这样一种制度，其中，对经济预期的改变不仅可以影响社会就业的方向，还可以影响社会就业的数量。但在考虑经济预期改变影响的前提下，我们分析现实经济行为的方法仍以供给和需求的相互作用为基础。基于此，我们的分析方法和基本的价值理论就能相互结合，并因此而得到一个更具有普适性的理论，我们所熟悉的古典经济学反而成为这个普适理论中的特例。

本书较之传统的经济理论可以说是独树一帜的，撰写这样一本书的作者，要尽量避免过多的错误就必须接受批评并与他人辩论。一个人闭门造车的后果是，他短时间内会沉迷于一些愚蠢的东西而无法清醒过来，对于经济学来说尤其如此。因为，在经济学研究的领域里，我们很难对自己的理念作出规范性或实验性的检验。所以，对于理论的验证往往只能依靠于批评和辩论。

在这本书的写作过程中，我更得益于R. F. 卡恩先生的建议和批评意见，如果没有他的建议，本书的很多地方不会开展得像现在这样深入。与此同时，我也得到了琼·罗宾逊夫人、R. G. 霍特里先生和R. F. 哈罗德先生的许多帮助，他们阅读了本书的全部样章，剑桥大学国王学院的D. M. 本苏珊－巴特先生则为本书编写了附录。

对于我自己来说，撰写本书是一个为了摆脱传统思想而长期奋斗的过程。如果我对这些传统思维和表达方式的批判和改进是成功的，那么大多数读者在阅读本书时也会有同感。本书以一个相对比较复杂的方式来表述观点，但表述的观点却是极其简单和明晰的。对于本书的读者而言，接受本书的困难不在于新思想，而在于如何摆脱传统的思想。因为，对于大多数像我们这样由其他人教育成长的人来说，传统的思想实际上已经遍布在我们头脑的各个角落里了。

凯恩斯

1935年12月13日

引 论

The General Theory of Employment, Interest and Money

第一节
释 名

本书以《就业、利息和货币通论》为名，强调的是其中的“通”字。本书如此命名在于能将我的观点和结论与古典经济学派对同一问题的观点和结论加以对照。

在过去的100年里，古典经济学派无论是在理论上还是在实践上，都支配着我这一代人的统治阶级和学术界的经济思想，具体到我自己，企业也是在古典经济学派的影响下成长起来的。

不过在下文中，我需要对古典经济学派进行说明的是：它往往只在一定的特殊条件下才能够成立，而不适用于一般的情况。古典经济学派所假设的情况是一个极端的点，它只出现在各种可能的均衡状态中，而这种状态恰恰是我们实际生活中所不存在的。也就是说，古典经济学派的假设往往只存在于理论当中，而不具有广泛的实践效果。如果不加以辨别地将这种假设的理论用以指导实践，就会招致灾难性的后果。

古典经济学派的前提

古典经济学派大部分有关于价值与生产的论述，主要集中在两个问题的讨论上：一是如何把一定数量的资源分配于多种用途当中；二是在使用这一定量资源的前提下，各种资源的相对报酬及其产品的相对价值应该怎样来决定。

此外，对于现有可用资源的数量，如适龄就业人口的多少、自然资源的多少以及被积累起来的资本设备的数量，这些论述往往仅使用对既定数量进行描

▶ 大卫·李嘉图

英国经济学家，古典经济学派最具代表性的人物，其研究领域包括货币和价格，对税收问题也有一定涉足。

述的方法加以处理；而具体到在这些可用资源之中，实际就业人数究竟有多少，普遍受什么因素影响，则基本没有翔实的理论加以说明。

当然，我也不能说古典经济学派对于此类问题毫无涉及，因为讨论就业人口数量变化的人还是比较多的，在这些人当中，不免有涉及此类问题的。所以，此类问题并不是被忽略了，而是关于这些问题的讨论都只是太肤浅了，没有涉及核心的内容。

古典经济学派就业理论的缺陷

古典经济学派关于就业的理论，从表面上看简单明了，也就是基于两个基本的前提。这两个基本前提是：第一，工资等于劳动的边际产物；第二，在就业量不变时，工资的效用等于当时就业量之边际负效用。但是古典经济学派对于这两个前提本身，则几乎毫无讨论。

这两个前提的具体含义是：

第一，工资等于劳动的边际产物。即就业人员的工资，等于把就业人数减少一人所引起的价值之净损失。这里这个“净”字，指的是刨除因为产量减少而可以避免的其他成本开支。假如市场与竞争不完全，则工资不等于劳动的边际产物，但在此种情形之下，还是有其他原则可以推敲出来的。

第二，在就业量不变时，工资的效用等于当时就业量的边际负效用。即每一个就业者的真实工资，正好等于他最低的期望工资，这刚好让该实际就业人数都继续工作。

正如第一个前提因竞争的不完全而会产生例外一样，假如可就业人员组织起来，则第二等式亦未必适用于每一位劳工。上述所谓负效用，是指一切可以促使个人或团体宁愿不工作也不愿意接受比某种最低效用更低工资的情况。

第二个前提与所谓“摩擦”失业并不冲突。因为把这个前提应用到实际生活中，总要顾虑到适应得是否充分，所以不太可能出现连续的充分就业。

▶ 博览会

于 1851 年在伦敦举办的“万国博览会”，大英帝国向世界展示了工业革命和经济进步的成果。

例如，由于对未来市场需求预测的错误，或者需求发生了改变，从而导致资源比例的暂时性失调，这就可以导致失业；由于未能预见未来市场需求的变化，而导致就业结构在时间上的滞后等；在一个动态的经济社会中，我们还要考虑从业者换工作的因素，在不同工作中转移也必然会导致失业。

▶ 亚瑟·庇古

英国著名经济学家，剑桥学派的主要代表之一，以“庇古税”闻名于世。

当然，我们还必须考虑一些“自愿”失业的因素。所谓“自愿”失业指的是：依照法律规定或社会契约，为了能够以集体的力量来为自己争取更多的权益而组成工会，工会在与雇主的斗争中产生的失业问题。

“摩擦”失业和“自愿”失业[①]构成失业的全部范畴。古典经济学的假设前提不容许第三类

① 现代社会，由于职业教育和个人选择都有了不同程度的发展，这两种失业情况在有些情况下甚至已经被混淆在一起了。

失业范畴的存在，但我却认为还有第三类范围出现，我将它定义为“非自愿”失业。

以这些限制条件为前提，按照古典经济学的理论，就业的资源数量是由这两个假设所决定。第一个假设提供就业的需求曲线；第二个假设提供就业的供给曲线。而就业的数量则取决于边际产品所带来的效用等于边际就业所带来的负效用的差额。

综上所述，有可能增加就业量的方法有以下四种：

1. 改善机构能力和增强对未来需求的预测能力，以便减少“摩擦”失业。

2. 减少以实际工资表示的劳动边际负效用，从而在同样的实际工资水平下，会有更多的劳动者愿意来工作，这样一来便会减少“自愿”失业。

3. 工资品行业中的边际实物劳动生产率的增加（采用庇古教授对工资品的定义，它指的是价格可以决定货币工资的效用大小的物品）。

4. 增加非工资品相对于工资品的价格，与此同时，非工资收入者将其支出从工资品转移到非工资品上去。

据我了解，以上这些是庇古教授的《失业论》最具有实质性的内容，同时也是古典经济学者对于古典经济学当中就业理论的唯一详细论述。

古典经济学的两个基本假设

“摩擦”失业和“自愿”失业是否能够概括所有的失业现象呢？从事实来看，我们总是能够见到一些人愿意接受现行工资水平，但却依然难以找到工作，这就难以解释了。

因为众所周知的规律是，在现行的工资水平下，只要存在对劳动者的需求，就一定会有更多的劳动者来满足就业。但古典经济学者认为，这种现象与他们设定的假定并不矛盾。他们对此辩解说，在现行货币工资水平下，虽然对劳动力的需求在全部劳动者得以就业前就已经得到满足，但这只是由于劳动者之间公开的或默认的协议，即不接受工资水平不低于现行水平的工作，而且只要劳动者全体同意降低货币工资水平，就业量自然就会被扩大。如果情况确实如此，那么这种失业从表面上是“非自愿”的，但实际情况并非完全如此，它应该被纳入上述源于集体谈判等原因所造成的“自愿”失业当中。

这种说法就引出了两点需要我们额外进行讨论的地方。第一点是劳动者对实际工资和货币工资的不同态度，这一点在理论上并不十分重要，但第二点却是十分重要的。

我们暂且假设劳动者不准备接受货币工资较低的工作，从而现行货币工资水平的降低会使一部分已经就业的劳动者通过罢工或其他方式退出劳动力市场。是否可以由此推论出现行实际工资水平准确地测度了劳动力的边际负效用呢？我想未必如此，因为，即使现行货币工资水平的降低会导致一部分劳动者退出就业，但如果工资品价格上升，以致现行货币工资所能购买的工资品较以前少时，不一定会导致同一后果。

换句话说，可能会引发这样的现象：在一定范围内，劳动者要求的是一个最低限度的货币工资而不是一个最低限度的实际工资。

古典经济学派总是在暗示，这一现象对他们的理论不会产生实质性的影响，但事实并不是这样。因为，如果劳动力的供给函数不是将实际工资作为唯一能够影响它的变量，那么古典经济学派的论证将会完全崩溃，并导致实际就业量很难被确定。

古典经济学派的学者似乎没有意识到，如果劳动力的供给不仅仅是实际工资的函数，那么他们的劳动供给曲线将会随着价格的每一次变动而变动。因此，他们的方法必须建立在其非常特殊假设的前提下，而对于那些一般的情况，则无法成立。

日常经验准确地告诉我们，劳动者想要得到（在一定限度内）的是货币工资而不是实际工资，这种情形是一种普遍情况。虽然工人

▶ 领取救济物资的纽约市民

20 世纪 30 年代，一场席卷全球的经济大萧条爆发，作为新兴的资本主义强国，美国首当其冲。

们通常会抵制雇主减少他们的货币工资，但工资品价格的上升并不会促使他们因此而退出劳动力市场。我们可以认为，有些时候劳动者抵制货币工资的下降而不抵制实际工资的下降是不合逻辑的，但无论怎样，这种行为确实是普遍存在的。

此外，作为经济大萧条特征的失业源于劳动者拒绝接受货币工资削减的观点显然也是未经验证的。有些经济学者断言，1932 年出现在美国的失业问题不是因为劳动者顽固地拒绝接受削减货币工资，便是因为他们固执地要求实际工资高于经济机构的生产率所能负担的水平，这种说法我认为是说不通的。

因为事实证明，在劳动力的最低需求或劳动生产率并未产生明显改变时，就业量有时确实会产生巨大的波动。劳动者在经济大萧条的背景下，并不比繁荣期更为热衷于与雇主争斗，他们的物质生产率也并不会更低。这些源于事实的判断，是足以构成对古典经济学分析是否恰当的初步怀疑的。

有时，考察货币工资变动与实际工资变动之间的关系是很有意思的。对于某一特定行业的具体变化情况，我们期望实际工资和货币工资按同一方向变动。但对于整体工资水平的变动，我认为大家可能会发现相反的状况。也就是说，当货币工资上升时，我们将会发现实际工资下降了；而当货币工资下降时，实际工资有可能增加了。这是因为在短期内，下降的货币工资和上升的实际工资各自基于不同的原因，而它们的原因都与就业量的下降相关联。

劳动者在就业量下降时往往愿意接受较低的工资，而在同样的就业量减少的情形下，因为当产出减少时，对于给定数量的资本设备，劳动者的边际报酬将会增加，实际工资因此而会不可避免地上升。

如果现行的实际工资水平确实有一个下限，一旦实际的工资水平低于这个下限，无论在何种情形下，就业量都不会超过当前的雇用数量，那么除“摩擦”失业外的“非自愿”失业就不会存在。但实际的情况必不会如此，因为按照现行工资，即使工资品价格上升，并因此导致实际工资下降，通常还是可以雇用到多于现存就业量的劳动者的。如果确实如此，和现行货币工资等值的工资品就不能准确地表示劳动的边际负效用，于是第二个假设也就无法成立了。

但是，这里还存在一个更基本的异议。第二个假设源于这样的理念，即劳动者的实际工资取决于劳动者和雇主的工资谈判。古典经济学派当然承认双方实际所协议的是货币工资，甚至也承认，劳动者所能接受的实际工资并不完全取决于当时相应货币工资的高低。尽管如此，最终还是由协议所达成的货币工资决定实际工资水平。因此，古典经济学理论作出假设，只要劳动者接受货币工资的削减，他们的实际工资就必然会降低。实际工资趋向等值于劳动的边际负效用这一假设显然蕴含着这样的推论：劳动者自己能够决定他愿意就业的实际工资，尽管他不能决定在这一工资水平下的就业量。

简单来说，古典经济学理论认为，雇主与劳动者之间的工资谈判决定了实际工资水平，因此，假设雇主之间也是自由竞争的，劳动者之间又不存在限制性的组织，那么，只要劳动者愿意，他们可以使其实际工资等值于在此工资水平下雇主们愿意雇用人数的边际负效用。如果情况并非如此，那就没有任何理由指望实际工资会趋向于同劳动量的边际负效用等值。

必须说明的是，古典经济学理论的结论旨在应用于分析劳动者的群体性行为，而不仅仅是解释为什么单个劳动者可以通过接受其他劳动者所拒绝接受的、降低后的货币工资而获得就业。

我们可以认为，这些结论能够同样有效地运用在封闭系统和开放系统之中，而不会受制于开放系统的一些特征或一国削减货币工资对其外贸的影响。当然，这些论题已经完全超出了本书的讨论范围。这些结论的正确性也不受各种间接效应的影响，这些效应源于降低货币表示的工资总额会引发对银行体系和信用体系的某些反应，关于此，本书将在后面的章节详细讨论。这些结论基于这样一个信念，在一个封闭经济体系中，降低货币工资的一般水平时，实际工资一般都会有某种程度的下降，尽管下降程度并不总是与货币工资的下降成比例。

现在我们可知的是，古典经济学者假设实际工资的一般水平取决于雇主和劳动者通过谈判达成的货币工资水平，这并不是绝对正确的。但让人吃惊的是，几乎没有人试图证实或反驳这一论点，因为这一论点与古典经济学理论的主旨根本不相一致。古典经济学理论让我们相信：价格取决于以货币表示的边际直接成本，而边际直接成本又在很大程度上取决于货币工资。因此，如果货币工资有所变动，可以预见古典经济学者就会指出，价格将会产生同比例的变动，从而使实际工资和实际失业水平大致保持不变，劳动者任何微小的收益或损失均会被边际成本中其他部分的损失和收益所抵销，边际成本会由此而保持不变。

然而，古典经济学者后来似乎偏离了这条研究思路，一部分是因为他们根深蒂固的信念，即认为劳动者可以决定其实际工资效率；另一部分可能是因为他们先入为主的观念，即价格取决于货币数量。而且一旦接受了劳动者总是可以决定其实际工资效率的理念，又会和另一理念相混淆，即劳动者总是可以决定他们将在何种实际工资下达到充分就业，也就是在既定实际工资水平下的最大就业量。

综上所述，我对于古典经济学理论的第二条假设前提存在以下两点异议。第一点和劳动者的实际行为有关。在货币工资不变的前提下，由于物价上涨导致的实际工资的下降，一般来说，不会使现行工资下的可用劳动供给量低于物价上涨前的实际就业量。如果假设劳动供给量会降低，那就等于假设所有在现行工资下愿意工作而没有获得工作岗位的人们，只要生活费用稍有提高，就不再愿意工作了。然而，这条看似有些荒谬的假设却显然是构成庇古教授《失业论》的基础，这也是所有古典经济学者们的理论基础之一。

第二点异议将在本书的以下章节一一展开讨论，这一异议源于我们所不赞同的一条假设，即实际工资的一般水平是由工资谈判来决定的。古典经济学派暗中设置了实际工资由工资谈判这一不合理的假设，因为如果将劳动者作为整体来看，可能没有任何可行的方法使等值于货币工资一般水平的工资品等于现行就业量的边际负效用。也不存在任何权宜之计，让全体劳动者能够据此通过与雇主们的货币工资谈判将实际工资水平削减至一个特定水平，这就是我们辩论的要点所在。在这个辩论中，我将用事实证明：能直接决定实际工资一般水平的应该是某些其他因素。而本书的主题之一就是试图阐明这个问题，除此之外我还将指出，对于实际经济体系如何运转上，当前经济学界还存在根本性的误解。

工人下意识的行为与古典经济学理论

虽然我们会认为，劳动者以个人或团体的形式，与雇主在货币工资上进行争斗和谈判，最终决定了实际工资的一般水平。但事实上，这些争斗和谈判的关注点往往是很多的。

▶ 1886年芝加哥工人大罢工

为了争取获得更多的劳动报酬和更好的待遇，工人和雇主们经历了持续不断的斗争和博弈，发生在1886年的芝加哥工人大罢工，最终为工人阶级争取到了合理休息的权利。

因为劳动力并不是完全自由流动的，以及不同职业的净收益往往具有很大的差别。因此，任何个人或由个人构成的团体，如果同意其货币工资相对于其他人或团体有所降低，那么他们的实际工资便会相对下降，而这正是他们反对减少货币工资最正当的理由。另外，货币购买力的变动同样会影响所有工人，因此，工人们无法团结起来抵制实际工资的削减。事实上，除非实际工资的下降幅度达到令工人们难以接受的程度，否则由于物价上涨而导致的实际工资下降一般不会遭到抵制。进一步说，某些特定行业对雇主削减货币工资的抵制，不会像全部行业都对实际工资下降的抵制那样，对总就业量的增加造成全面性的障碍。

换句话说，工人们与雇主在货币工资上的斗争，主要影响的是实际工资总额在不同劳动群体间的分配，而不是每个从业者的平均工资，平均工资水平实际上取决于一系列不同的因素。我们可以看到，一部分工人通过联合结成团体是为了保护他们的相对实际工资，至于实际工资的一般水平，则要取决于经济体系中的其他因素。

因此，比较滑稽的是，工人们在工资上面反而具有比古典经济学者更大的经济理性，尽管他们的所作所为完全是下意识的。

即使现行的实际货币工资等价物高于现行就业量的边际负效用，工人们也会抵制雇主们减少货币工资，尽管这种减少很少或从不涉及全体劳动者；相反，如果在实际工资降低的同时能增加就业总量，维持货币工资水平相对稳定，工人们就不会抵制实际工资的减少。除非实际工资的减少程度大到足以使实际工资降低到现行就业量的边际负效用之下。此时，无论减少的幅度有多小，都会引起工人和工人团体的抵制。但是，既然工人和工人团体不认为生活费用的每次上涨都要举行罢工，所以，工人和工人团体也就不会像古典经济学派所指责的那样，对总就业量的任何增加都会设置障碍。

“非自愿”失业

接下来，我要说的是对我上文所提出的第三种失业，也就是给古典经济学者们不承认存在的“非自愿”失业作出定义。

显然，我这里提的“非自愿”失业并不仅仅是劳动者还有工作能力而没有就业。我们并不能因为一个人的劳动能力可以达到每天工作 10 小时，而认为他每天工作 8 小时便有 2 个小时的失业。我们也不能认为，劳动者因为不愿意接受低于一定实际报酬的工作就是“非自愿”失业。为了能够让观点更清晰，我便也将“摩擦”失业排除在“非自愿”失业的定义之外。

所以，我对“非自愿”失业的定义是：如果工资品的价格相对货币工资有所上升，现行货币工资水平下愿意工作的劳动总供给量和在这个工资水平下的劳动总需求量都将大于现有的就业量，那么劳动者就会处于“非自愿”失业状态。当然，除此之外我还作出了另一个本质上完全相同的定义，关于这第二个定义，我将在下一章予以说明。

▶ 失业潮中等待工作的人

当失业潮来临时，大多数人无疑都要面对“非自愿”失业的困境，这种困境往往需要持续很长时间。

由该定义我可以推导出，古典经济学派第二条假定所暗含的实际工资等于就业量边际负效用，是没有考虑“非自愿”失业的。而这种不考虑“非自愿”失业的状态，我将它称为“充分”就业，根据这样的定义，“摩擦”失业和“自愿”失业与“充分”就业是相容的。我们将会发现，这与古典经济学理论的其他特征是相吻合的，所以，我们最好将古典经济学理论称为“充分”就业条件下的分配理论，只有这样，古典经济学派的假设才能够成立。

因此，明显的失业或者是由于“职位转换”造成的暂时性失去工作；或者是由于对高度专业化的资源间歇性需求造成的；或者是由于工会对独立劳动者的“限雇效应”造成的。由此，秉承古典经济学理论传统的学者们由于忽略了古典经济学理论隐含的特定假设，不可避免地会得出在逻辑上完全符合古典经济学派假定条件的结论，即显而易见的失业（除了所承认的例外情况）。这归根结底是因为未被利用的生产要素拒绝接受相当于它们边际生产率的报酬。

一位古典经济学家或许会在感情上与劳动者站在一起，会同情他们抵制削减货币工资的行为，但从学术观点上讲，他却会站到另一面，他会认为劳动者拒绝减少货币工资才是一切困境的根源。①

显而易见的是，如果我们考虑到“非自愿”失业的问题，那么古典经济学者的观点就很荒谬了。这就像是置身于非欧几何世界中的数学家们，一旦发现在日常经验中两条显然平行的直线经常会相交，他们就会指责说必定是线没有保持平行——因为这是他们能够想到坚持理论的唯一方法。但如果真的有这样的情况存在，那么除了放弃平行公理以及建立一个非欧几何学之外，便没有其他办法了。事实上，我们今天的经济学者们面临着同样的问题，我们必须放弃古典经济学中的第二条假定，建立一套足以解决严格意义上的“非自愿”失业问题的新学术体系。

古典经济学体系应保留之处

批判古典经济学理论的不足之处，是建立有别于古典经济学新体系的要义，

① 古典经济学家往往出身于中上层社会，其研究的立足点也往往是较为宏观的，因此，容易忽视微观之处，即普通大众生活与经济选择对于社会经济的影响。

但与此同时，我们也不应该忽视新体系与古典经济学体系的相同之处。这两者的相同之处在于，在新体系当中，古典经济学体系的第一条假设是应该加以保留的，并也要对它施加和古典经济学相同的限制条件。所以，这里我要稍微说明一下，第一条假设具体蕴含些什么？

第一条假设意味着：在既定的组织、设备和技术条件下，实际工资和生产产出量之间是唯一相互关联的，所以一般来说，只有降低实际工资率才能导致就业量的增加。对于这一被古典经济学家宣称为不可或缺的重要事实，我也同样表示认同。

在既定的组织、设备和技术条件下，一个单位的劳动者获取的实际工资与就业量具有唯一的负相关关系。所以，如果就业量增加了，那么，在短期内单位劳动者所获得的以工资品计算的劳动报酬就必然会降低，而利润则会增加①。当然，这不过是对一个所有人都了解的命题的正面表述，该命题是：在短期内，设定设备等生产要素是固定不变的，由于各行业通常受边际报酬递减律的影响，随着就业量的增加，工资品行业的边际产品必然减少。

事实上，只要这一命题能够成立，那么任何增加就业的手段都必将导致边际产品的减少，以这种产品测度的工资率自然也就会因此而降低。

但是，在古典经济学第二条假设被我们推翻之后，就业量的下降虽然一定会导致劳动者得到的工资在数值上等于更多数量的工资品，但就业量的减少并非一定是劳动者要求更多的工资品所导致的，而且劳动者愿意接受较低水平的货币工资也不是解决失业问题的最好办法。这里所涉及的与就业有关的工资论，我们现在还不能进行更详细的阐释，会留在其后的章节里加以详细阐述。

---

① 对该论点作如下论述：假设有n人就业，其中第n人的增收量为每日1蒲式耳，那么工资的购买力也为每日1蒲式耳。然而，第n+1人的增收量为每日0.9蒲式耳。因此，除非谷价相对工资上涨至每日工资的购买力为0.9蒲式耳，就业量不可能增加到n+1人。这样，工资总额以前是n蒲式耳，现在则为$\left(\frac{9}{10}\right)(n+1)$蒲式耳。因此，就业量每增加一人，就必然使收入从原先被雇用的人那里转移到企业家手中。

古典经济学者的失误之处

从萨伊[①]和李嘉图[②]的时代开始，古典经济学家都在强调供给创造自己的需求，这在某种意义上意味着，但他们并没有对全部生产成本必然要直接或间接地用于购买产品这点给予明确的阐述。

▶ **约翰·斯图亚特·穆勒**

英国著名哲学家和经济学家，19世纪影响力最大的古典自由主义思想家，功利主义的代表人物。

约翰·斯图亚特·穆勒在他的著作《政治经济学原理》中，对该学说作了如下明确的阐述：

"构成商品支付手段的还只是商品，每个人用于支付其他人产品的手段就是他自己所拥有的产品。就文字的表面意义来说，所有的需求者都不可避免地成为供给者。如果我们能使一国的生产能力突然增加一倍，我们也能够让各个市场上商品的供给增加一倍；但与此同时，我们也必须让购买力增加一倍，每个人都要有双倍的需求和供给。因为每个人在交换中能提供给别人的是过去的两倍，他能购买的也必然是过去的两倍。"

在该理论的基础上，我们可以作出如下的推论：任何个人的节俭行为，都必然使由于节制消费而节约下来的同等数量的劳动和商品不再用于消费，而是投资于资本财富的生产。

下面是马歇尔的著作《国内价值的纯理论》一书在引文中阐明的传统经济

---

① 法国经济学家，活跃于法国大革命和第一次产业革命时期，曾主编过《哲学、文艺和政治旬刊》，在当时颇有影响。代表作为《政治经济学概论》。

② 英国古典政治经济学主要代表人物。也是亚当·斯密自由主义经济理论的继承者。他主张限制政府的活动范围、减轻税收负担是增长经济的最好办法。

学的观点："个人的全部收入都用于购买他人的劳动或商品。人们确实也常常听到：个人花费其收入的一部分，并储蓄余下的另一部分。但是大家熟悉的一条经济学原理指出，个人用他储蓄的那部分收入购买劳动或商品，数量上等同于他用被称为消费的那部分收入所购买的劳动和商品。当他从购买的劳动和商品中获得现时的受益时，这被称为消费；当他使购买的劳务和商品用于财富的生产，以便将来从中得到可以受益的物品时，这被称为储蓄。"

要从马歇尔之后的著作①或从埃奇沃思以及庇古教授的著作中引证类似的文字的确很不容易。这种学说在今天已经不再以这种简单的方式来表述，但无论如何，它是构成整个古典经济学理论的基础，没有它，古典经济学理论就会崩溃。

当代经济学家在接受穆勒的学说上可能会有所犹豫，但他们会毫不犹豫地接受以穆勒学说为前提的许多结论。

当代经济思想依然基于这样的观念：如果人们不以某种方式把钱消费掉，他们也会以另一种方式把钱消费掉。第二次世界大战之后的经济学家确实很少能够始终如一地保持这种观点，因为他们今天的思想过多地渗入了相反的思想倾向和经验事实，这十分明显地同他们以前的观点不一致②。但是他们并没有从中得出足够深远的结果，因而也没有修订他们的基本理论。

在鲁宾逊·克鲁索式经济中，事实上个人用于消费或保留下来的收入，也只能是他们自己的生产活动的产物。古典经济学派常错误地把来自鲁宾逊经济体系中的这个结论用类比的方式运用于现实生活当中，而古典经济学派错误可能也正源于此。

除此之外，古典经济学派的另一个结论，需求导致的销售总收益总是能够弥补生产的成本则非常合乎情理，因为我们无法将这个结论同另一个相似而又无可置疑的命题区别开来，这一命题是：社会中从事某一生产活动的所有生产

---

① J.霍布斯在《工业生理学》中引用了上述穆勒的段落并指出，马歇尔在其《产业经济学》中也对穆勒的这段话作出过这样的评论："但是，虽然人们有购买力，但人们可以选择不去使用它。然而马歇尔并未抓住这一事实关键的重要性，并且似乎是将这种行为限定于'危机'时期。"我认为，从马歇尔以后的著作来看，这其实是个公允的评论。

② 罗宾斯教授的不同之处在于：他几乎是独自一人继续保持前后一致的思想体系，他的实践建议和他的理论同属一个体系。

要素的总收入在数量上必然刚好等于总产出的价值。

与此同时，人们会很自然地设想：如果一个人能在增加个人财富的同时，又没有从其他人那里取走任何东西，社会整体的财富也必定会同比例的增进。因此，个体的储蓄行为必然会引起与之相对应的投资行为。因为按照同样的道理，也可以毋庸置疑地宣称，个体财富净增加值的总和必然恰好等于社会财富净增加值的总额。

▶ **阿尔弗雷德·马歇尔**

英国最著名的经济学家，新古典学派的创始人，奠定经济学体系基础的第一人。

然而，以这种方式思考的人们其实都被视觉上的错觉所蒙蔽，这种错觉把两种本质上不同的活动混为一谈。这些人错误地设想，节省现在的消费和预备未来的消费这两种决策之间是可以自动协调的，但真实情况是，决定后者的动机和决定前者的动机之间并不存在任何简单的关联。

到此为止，这条宣称总产出的需求价格等于其供给价格的假设就是古典经济学理论中所说的“平行公理”。如果承认这一点，那么认可其他各点就顺理成章了。这些顺理成章的点有：个人的节约有益于社会、看待利息率的传统理论、古典经济学派的失业论、货币数量理论、自由主义为对外贸易带来更大的利益等。对于这些观点，我们将在本书中对其一一质疑。

总结

在本节中，我指出古典经济学理论需要依赖如下三个假设：

1. 实际工资等于现行就业量的边际负效用；
2. 严格意义上的“非自愿”失业并不存在；
3. 供给创造自己的需求，其含义是：在产出和就业的任何状态下，总需求的价格都等于总供给的价格。

然而，这三个假设在实质上说的其实是一回事，因为它们是否能够成立都是关联在一起的。在逻辑上，这三者中的任何一个与其他两个都是相关联的。

第二节
有效需求原理

有效需求公式

在本节的开始，我需要先提出几个术语，这几个术语的精确定义将在以后的章节中进行阐述。

在既定的技术、资源和成本状态下，雇用一定数量劳动者的雇主要承担两类支出：

首先，因为当前生产要素提供的服务而支付给它们的支出（不包括支付给其他雇主的支出），我们将它称为就业量的要素成本；其次，支付给其他雇主以购买其产品的支出，以及支付给雇主本人的支出，以弥补他不让机器设备闲置而遭受的损失，我们将称其为使用者成本。

超出要素成本与使用者成本总和的那部分最终产出价值就是雇主的利润，我们也将它称为雇主收入。当然，从雇主的角度来看是要素成本的东西，在生产要素看来则是他们的收入。因此，要素成本和雇主利润构成了我们称为该雇主所提供就业量的总收入。以这种方式定义的雇主利润应该是雇主决定提供多少就业量时努力使它最大化的一个参考数值。

当我们从雇主的角度来看，有时为方便起见将源于既定就业量的总收入（要素成本和利润的总和）称为该就业量的收益。另外，既定就业量产出的总供给价格[1]恰好是雇主可以且愿意提供该就业量的预期收益[2]。

根据上面的论述，在技术、资源和单位就业量的要素成本已经给定的前提下，单个的企业和行业以及整个社会的就业量取决于雇主预期能够从相应产出值[3]中获得的收益数量，因为雇主总会努力把就业量固定在能够使预期收益超过要素成本的部分最大化的状态。

这里，让我们设 Z 为雇用 N 个工人时的总供给价格，Z 和 N 的关系式可以写成 $Z = \Phi(N)$，该式可以称为总供给函数。同样，我们设定 D 为雇主雇用 N 个工人时的预期收益，D 和 N 的关系式可以写成 $D = f(N)$，该式可以称为总需求函数。

之后，我们再给定 N 的数值，如果预期收益大于总供给价格，也就是说，如果 D 大于 Z，为自身利益考虑，雇主会将就业量增加到 N 以上的数值，如有必要雇主之间还会争夺生产要素从而使成本变得更高，直至 N 的取值提高到 Z 等于 D。因此，就业量取决于总需求函数同总供给函数的相交点，因为在这一点上，雇主可以实现其预期利润的最大化。总需求函数与总供给函数的交点 D 的数值，我们称为有效需求，由于这就是就业通论的主旨所在，我们的目标就

---

① 请不要将单位产出的供给价格同这个术语的通常意义相混淆。

② 读者应该能够意识到，作者已经将使用者成本从既定产量的收益和总供给价格中删除了，因此，这两个术语中应被解释为不包括使用者成本，然而，购买者所支付的总额中当然要包括使用者成本。在下面的章节中，作者将说明这种处理方法较为便利的原因所在。

作者的基本要点在于：总收益和扣除使用者成本的总供给价格可以唯一地和确切地加以定义；然而，由于使用者成本显然依赖于产业集中度和企业家们相互间进行购买的程度，因此，如果把独立于这些要素的使用成本包括在内，那就无法给购买者的支付总额下定义。甚至在定义通常意义上的单个生产者的供给价格时也会遇到类似的困难。而且，在全部产出的总供给价格的情形下，还会出现严重的重复计算的困难。对此，从来没有设法解决过。如果这一术语包括使用者成本，那么只有按照生产消费品或者资本品将企业家分成不同群体，然后根据他们的产业集中度作出特殊的假设，这样才能克服上述困难。然而，对企业家群体的区分本身也是含糊的和复杂的，并且与事实不符。然而，如果像上述那样，总供给价格的定义中不包括使用者成本，这些困难就都不会出现。不过读者最好在第六章及其附录看详细的讨论。

③ 一位企业家在对他的生产规模作出实际决策时，当然并不单纯考虑对应于既定产量的销售收益的确定型预期，而是考虑几种不同可能性和确定性的假设型预期。因此，我所说的企业家的收益预期是指这样一种预期，如果认为该预期具有确定性，那么据此产生的企业家行为等同于企业家在面对由一系列含混不清和诸多不同可能性所构成的预期状态所作出的决策。

在于阐明这一内容。以下各章将主要阐述决定这两个函数的不同要素。

另外，古典经济学理论对这两个函数的关系则作出了一个特殊的假设，因为古典经济学理论是建立在“供给创造自己的需求”之上，这就意味着，对于N所有的数值，也就是所有的产出和就业水平，f（N）和 φ（N）都相等。所以当Z＝〔φ（N）〕对应于N的增加也增加时，D＝〔f（N）〕必须与Z作等量增加。

换句话说，古典经济学理论假定：总需求价格（或收益）总会主动地等值于总供给价格，因此，不论N的数值是多少，收益D的数值总会等于对应于N的总供给价格Z。也就是说，有效需求不是只有一个唯一的均衡值，而是有一个无穷的、可接受性的数值序列，因而，除了劳动的边际负效用所设定的一个上限之外，就业量的大小是不确定的。

如果真实的情况确实如此的话，雇主之间对生产要素的竞争，总是会使就业量扩大到总产出的供给不再有弹性的那一点，即有效需求数值的增加不再会导致产出的任何增加，这一就业量显然等同于“充分”就业量。

在上面的章节中，我们已经利用劳动者的行为定义了“充分”就业，另一个可供选择的意义我们在这里给出。

“充分”就业是这样一种状态：在这种状态下，相对于对产出的有效需求的增加，总就业都是无弹性的。这样，根据萨伊定律，也就是总产出的总需求价格在所有产量上都等于它的总供给价格，也就等同于达到“充分”就业，便能够绝对成立了。

但是，如果联通总需求函数和总供给函数的这条定律并不准确，那么我们就必须对这一问题进行一次彻底的研究，因为如果没有这个研究，所有关于总就业量的讨论便都是无意义的了。

就业理论的简述

对于就业理论的讨论，读者目前可能无法充分理解，但在这里，我依然会将要构建的就业理论作一次简要的概述，这至少对现阶段的读者是有帮助的。

而此概述中涉及的名词，我会在之后的章节中作详细的定义。

在下面的概述中，我将作出一个假设：被雇用的每单位劳动者的货币工资和其他要素成本均保持不变。当然，这个假设我不会一直保持着，这里引入它只是为了论述的方便。

下面，我再针对我理论的纲要作简要的表述：当就业量增加时，实际总收入也会增加，此时社会经济状态是，当实际总收入增加时，消费总额也会增加，但其增幅不会像收入的增幅那么大，因此，如果全部的就业量增加额都用来满足增加的直接消费需求，雇主将会蒙受损失。所以，要维持既定的就业量，就必须有一定数量的当期投资用来吸收在就业水平给定时总产出超过社会消费量的部分。因为，除非存在这一数量的社会投资，雇主的收入将会小于促使他们提供给定就业量所需要的数额。因此，如果给定我们所说的社会消费倾向，就业量的均衡水平，即对全部雇主来说再无动机促使他们扩大或者缩减就业量的水平，取决于现期投资量；现期投资量又取决于我所说的投资诱导；投资诱导则取决于资本边际效率表与对应于不同期限和风险的复合贷款利率之间的关系。

鉴于此，如果给定消费倾向和新投资率，那与均衡水平一致的就业水平便只有一个，因为任何其他的状态都会导致总产量的总供给价格和总需求价格之间的不均衡。这个均衡就业状态不能大于“充分”就业水平，即实际工资不能小于劳动的边际负效用。但一般来说，社会也没有理由期望均衡就业水平等于“充分”就业水平，因为对应于“充分”就业的有效需求是一种特例，只有当消费倾向与投资诱导相互之间处于一种特殊关系时，该有效需求才能实现。这种对应于古典经济学理论假设的特殊关系，在

▶ **就业市场中的人们**

就业市场的规模，完全依赖于社会投资和经济发展，要维持既定的就业量，就必须有一定数量的当期投资用来吸收就业人数。

一定意义上是一种最佳的关系。然而，只有在偶然或刻意为之的情形下，当当期投资提供的需求量正好等于“充分”就业所导致的总产出的总供给价格超过“充分”就业下社会消费支出的差额时，这种最佳的关系才能存在。

上面这一套理论可能过于烦琐，那么我再将其简化为以下八个命题：

1. 在技术、资源和成本具有固定数值的情形下，收入（包括货币收入和实际收入）取决于就业量 N。

2. 社会收入和预期用于消费的支出（设为 D_1）之间的关系取决于社会对经济的心理预期，这种关系我们称为消费倾向。也就是说，除了消费倾向本身发生某种变化，消费将取决于总收入水平，从而取决于就业水平 N。

3. 雇主决定雇用的劳动者数量 N 取决于两类数量的总和 D，即 D_1——社会预期用于消费的支出，和 D_2——预期用于新投资的数额。D 就是我们之前所讲的有效需求。

4. 由于 $D_1 + D_2 = D = \phi(N)$，此处 ϕ 代表总供给函数，又由于如我们如上述命题 2 所示，D_1 是 N 的函数，我们可以写成 $X(N)$，X 取决于消费倾向，由此可以推出 $\phi(N) - X(N) = D_2$。

5. 因此，均衡态的就业量取决于：（i）总供给函数 ϕ；（ii）消费倾向 X；（iii）投资量 D_2，这就是就业通论的主要观点。

6. 在工资品行业，对于 N 的每一个数值都有一个相应的劳动边际生产率，它决定实际工资。因此，命题 5 要遵循的前提条件为：N 不能超过使实际工资减少到等于劳动边际负效用的取值。也就是说，并非 D 所有的变化都与我们这个货币工资不变的暂时性假设相一致。因此，在具体的研究当中，我们必须要放弃这一假设。

7. 按照古典经济学理论，依据 $D = \phi(N)$ 适用于 N 所有数值这一规则，在 N 取小于其最大值的所有数值时，就业量处于中型均衡状态。因而能够想到的是，雇主们相互竞争的力量可以使 N 达到最大值。在古典经济学理论中，只有在这一点上才存在稳定均衡态。

8. 当就业量增加时，D_1 将增加，但其增幅小于 D 的增幅。这是因为当收入增加时，消费也会增加，但消费的增幅小于收入的增幅。在这条心理规律中，可以找到存在于现实中的问题关键。由此可以推论出，就业量越大，相应产出的总供给价格 Z 与雇主预期能够从消费者支出中再获得的总额 D_1 之间的缺口就越大。因此，如果消费倾向不变，除非 D_2 同时增加以弥补 Z 和 D_1 之间逐渐增大的缺口，否则就业量不可能增加。因而，除了依靠古典经济学理论所作出的特殊假设，即当就业量增加时，总有某种因素促使 D_2 增加的幅度足以弥补 Z 和 D_1 之间的缺口，否则经济体系就可能发现它处于 N 小于“充分”就业的稳定均衡态，即处于总需求函数和总供给函数的交点所决定的就业水平。

因此，就业量并非取决于以实际工资衡量的劳动边际负效用。而是在实际工资给定时，所可能提供的劳动供给量决定就业量的最高水平，消费倾向和新投资率才是决定就业量的关键因素，就业量唯一取决于既定的实际工资水平——而不是反过来。如果消费倾向和新投资率造成有效需求不足，实际就业水平就会下降到低于在现行实际工资下潜在可能的劳动供给水平，而实际均衡工资会大于均衡就业水平下的劳动边际负效用。

上述分析给我们提供了一种关于富裕中的贫困这一悖论的解释。因为只要存在有效需求不足，就业量便有可能而且往往会在达到“充分”就业水平之前终止增加。尽管事实上劳动的边际产品在价值上仍会大于就业的边际负效用，有效需求不足通常会阻碍生产的进行。

说得更形象一些，在富裕的社会中，社会的实际和潜在生产能力之间的缺口会很大，因而，经济系统的缺点就更加令人难以容忍。一个贫穷社会倾向于消费掉它很大一部分的产出，所以非常小的投资就足以实现“充分”就业，但在一个富裕社会中，如果要使较富裕成员的储蓄倾向与较贫穷成员的就业相均衡，社会就必须提供更为充足的投资机会。如果一个潜在富裕社会中的投资诱导较弱，那么尽管存在潜在财富，有效需求原理的作用仍然将迫使该社会减少它的实际产出，不管其潜在财富如何，该社会都会贫穷到直至其产出超过消费的剩余部分同其微弱的投资诱导相适应为止。

但比这更坏的是，在富裕的社会里，不仅边际消费倾向更为微弱，而且由于资本已经有了较大的积累，除非利息率能以足够快的速度下降，否则人们就不愿意做进一步的投资。这种状况使我们要对利息率理论及为什么利息率不会自动下降到适度水平的原因进行研究，这在本书后面将成为重点内容。

因而，对边际消费倾向的分析、对资本边际效率的定义以及利息率理论构成了社会现存经济理论体系中必须予以填补的三个主要空白。当我们将这三个空白填补之后，读者就会发现，价格理论降低到了它的适当地位，即只是我们一般理论的附属理论。而且读者还会发现，货币在我们的利息率理论中占有核心地位，所以我们将尽最大的可能揭示货币区别于其他事物的特质在哪里。

乐观和虚假的古典经济学理论

李嘉图给了古典经济学家可以忽略总需求函数的理念，这也构成了一个多世纪以来我们所传授的经济学基础。但事实上，马尔萨斯曾经猛烈地反对李嘉图关于有效需求不可能不足的学说，虽然最终无济于事。

这种无济于事的原因是：除了日常观察到的事实之外，马尔萨斯几乎无法清楚地解释有效需求为什么会不足或者过多，他也没能提供一个可供学者选择和研究的思想构架。

所以就像“神圣宗教法庭”征服了西班牙那样，李嘉图的理论也完全征服了英国。不仅城市、政治家和学术界终止了一切争议，接受了李嘉图的理论，其他本来可以进行讨论的观点也因此完全消失了。

▶ 马尔萨斯

英国人口经济学家，第一个系统地研究人口与社会经济发展之间关系的学者。

马尔萨斯曾经辛苦研究的有效需求这一巨大谜团也从经济文献中消失了。甚至在马歇尔、埃奇沃思和庇古教授的全部著作中一次也没有提及。在他们的这些著作中，古典经济学理论表述得最为成熟。而有效需求这个概念，却只能隐藏在卡尔·马克思、西尔维·奥格塞尔或者道格拉斯少校的“地下社会”之中。

李嘉图的大获全胜虽然令人奇怪和难以理解，但可以想到的是，一定是现实中的环境给李嘉图的理论提供了论据。我猜想，李嘉图学说中的结论与普通没有受教育的读者所期望的极为不同，这就增加了该学说的学术威望。李嘉图学说的教义在实践上的严格性和通常表现出来的难以接受反而使其从中获益，它具有的可以用来建立一个宏大而逻辑一致的上层建筑特点赋予了它美感，它能将社会上许多不公平和常见的残酷事实解释为进步过程中不可避免的意外事件，以及把改变这些事态的尝试解释为弊大于利。李嘉图学说的这种特质，必然很容易获得当权者的支持，他的学说为资本家的随心所欲提供了一个辩护的理论依据，使他得到了当权者背后的主要社会力量的支持。

但是，尽管这个学说直至今日仍为主流经济学家所坚持，但随着时间的推移，我们会发现它终将走向失败，而李嘉图学说的失败，必将导致一大批经济学者名誉扫地。因为在马尔萨斯之后，职业经济学家显然从不因为他们的理论结果和现实事实不同而感到羞耻，这种连普通人都能看得出的不同，使人们越来越不愿意相信经济学家，也越来越不尊重经济学家。

传统经济学理论众所周知的乐观主义已经使经济学家被看成甘迪德[①]一类的人物，他脱离现实去自己的田园，并教导人们只要顺其自然一切就会美好。但这种虚妄的乐观主义是不足以带来现实经济的繁荣的，反而会成为经济繁荣的阻碍。因为，在符合古典经济学理论假设前提的社会中，显然存在趋于最优就业量的自然倾向。也许古典经济学理论代表了我们所希望的人类社会经济体系的运行方式，但这显然是一种假象，因为它完全没有考虑到现实经济当中所存在的各种各样的困难和问题。

---

① 伏尔泰哲理小说《老实人》中的主人公。甘迪德是男爵妹妹的私生子，从小生长在封闭的环境中，认为男爵家便是人间天堂。

第一章

经济学的基本概念

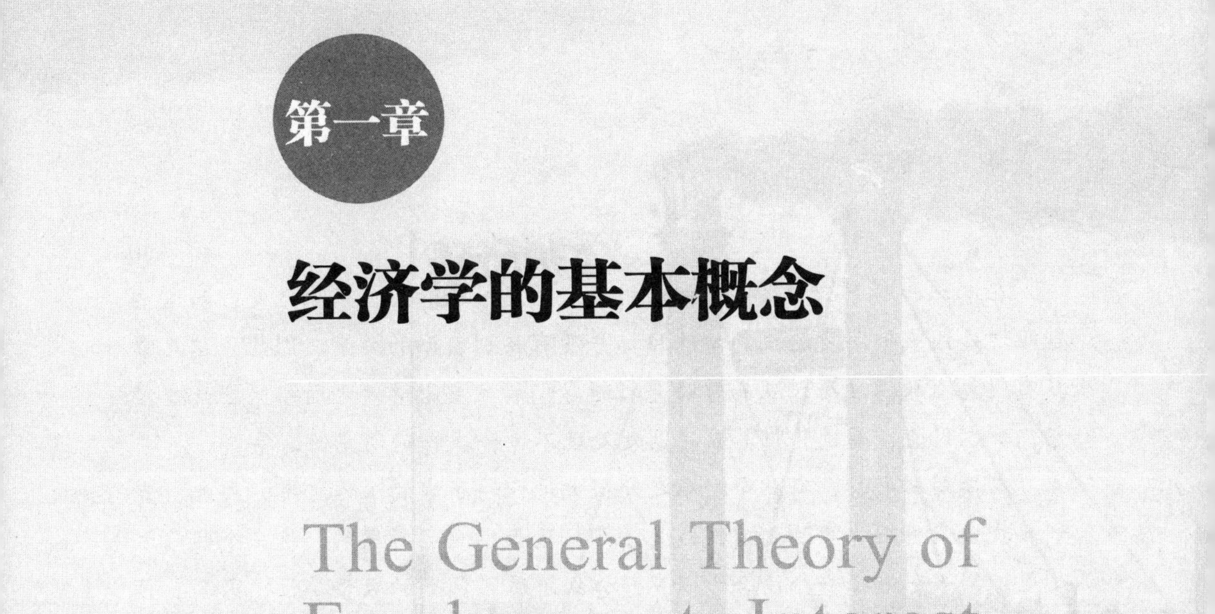

The General Theory of Employment, Interest and Money

在本章和以下三章我们将试图用一定的篇幅澄清某些疑难之处，而这些疑难之处同我们所要验证的特殊目标并没有特别密切的关系。因此，这几章具有脱离主题的性质，从而暂时会打断我们的主要思路。之所以只在此处对它们加以讨论，是因为将其放在别处处理不适合我特定研究的需要。

在撰写本书时，有三个疑难之处极大地阻碍了我的工作进展，因此，直到我找出某种解决办法之前，我无法顺畅地表达自己的思想。这三个疑难之处是：第一，选择一个适合于研究整体经济体系问题的数量单位；第二，预期在经济分析中的作用；第三，收入的定义。

第一节
经济单位的选择

经济单位是表述经济学原理、进行经济论证以及经济分析必不可少的理论元素，承载着研究者对于经济现象的归纳和总结。正确地选择经济单位，会让经济学原理的表达更加清晰，更容易为社会大众所理解，而如果经济单位的选择出现偏差，含义模糊、范畴不清、歧义较多等问题出现，则必将给经济原理的表述平添很多问题。

所以，就像读者所知道的那样，在进行经济学原理分析之前，首先要做的就是明确一些重要经济单位的范畴以及它们的具体含义，并且了解它们在何种情况下会发生怎样的变化。这一点，是经济学研究者首先要为读者考虑到的。

传统经济学研究单位的缺陷

在以往的经济学研究中，经济学者通常使用的研究单位，往往并不能够真实地反映经济学所要剖析的对象，在这里，我可以用“国民收入”和“资本净增量”以及“一般物价水平”这三个名词加以证明。

首先，是“国民收入”这个名词，依照马歇尔及庇古教授对它所作出的定义，它应该是衡量某一个阶段一国的总生产或真实收入，而不是衡量某一阶段国民总生产物的价值或货币价格。而且，“国民收入”应该是一个净概念，必须要从某一阶段的国民生产物中，减去这一阶段开始时已有的资本设备在这一阶段中的耗损。也就是说，“国民收入”是国民生产物减去生产成本的差额，这才是社会资本的净增量，才可以被用于消费或作为留用资本。

▶ **黄金**

在人类漫长的历史中，黄金一直被视为国民财富的象征。

“国民收入”理论是很多经济学理论的基础，但问题在于，如果以马歇尔和庇古的定义作为准则，则有一个问题是无法解决的：社会总生产物和劳动不总是均衡的，除非在极为特殊的情况下，这二者都很难被均衡地量化。例如，所有社会生产都以同一比例增加，那么“国民收入”是很容易被计算出来的，但在现实中这几乎是不可能实现的。所以，按照上述对“国民收入”的定义，我们很难根据“国民收入”的数值来分析其背后的社会含义。

其次，是“资本净增量”。如果我们要计算社会净产量，那么必须要衡量资本设备的净增量，但这难度是非常大的。因为我们必须先找出一个共同的基础，然后才能比较新出现的资本项目与一个阶段内损耗掉的旧资本项目。这些资本的损耗如果是以整体的资本为单位的，则容易计算；但如果整体资本并未发生变化，而是资本的价值发生了变化，那么这种变化又该如何计算呢？举个例子来说明：当生产技术发生革新时，新的设备资本与旧的设备资本其价值必然是不相同的，但在旧的资本尚未被淘汰之前，我们如何来比较这二者之间的价值呢？这一点连庇古教授也没有办法。

最后，就像大家所知道的那样，“一般物价水平”是一个非常空泛的概念，在研究经济的时候，我们基本没有办法准确地使用它。

不过，意义缺失的概念并不会妨碍我们对经济学的研究，如工商界在作决策时，不了解这些经济学名词的意义，并不妨碍他们在这些名词所涵盖的范围内作出正确的决策。也就是说，经济学界的概念虽然不明确，但经济学的道理和经济事态的因果程序却是明确的。所以我们可以断言，这些不明确的概念其实也是经济学研究当中不必需的。显而易见，数量明确的分析不能够使用无法精准反映数量的概念，没有这些让人厌烦的概念，有时反倒是一件好事。

譬如，两堆根本无法在数量上进行比较的物品，我们没有办法做数量分析，弄一些所谓的概念出来反而是多余的，但我们可以进行其他方面的比较分析，后者是不需要精确的计算也不至于出现重大失误的，因而在某种程度上反而是有意义的。

所以，类似于“国民收入”“资本净增量”这样的概念，最好是将其放入历史当中。而为了更好地进行经济研究，我们需要一些新的、指向更加明确的概念。须知，如果我们总是用这样一些无明确指向、有含义偏差的名词，那么我们的经济学研究也必然不会是非常准确的。

需求函数与生产

我们必须要牢记，在某些特定场合，一个雇主总是先确定自己有多少资本和能够置办多少设备，然后再确定生产规模。所以，当我们提到，雇主如果预计市场需求将增加（总需求函数提高），那么总产量也会相应地增加。我们真正的意思是说，雇主将在同样数量的资本和设备上，雇用更多的劳动力。

如果单纯讨论一家工厂或一个行业，其生产的只有一种商品，那么所谓产量的增减是可以被准确判断出来的。但是，如果我们把这社会上所有的生产机构的生产活动都叠加起来，则除非是用特定的资本和设备上的就业数量作为标准，否则我们无法准确地判断产量到底是增加了还是减少了。

“社会总产量”以及“一般物价水平”这两个概念在这里根本用不到，因为我们不需要对比当前总产量，以得到当前总产量与不同资本设备、不同就业量所能生产的产量。

为了叙述方便，我想用产量增减这种说法，那么我们所依赖的假设应该是这样的：某些特定资本和设备需要的劳动力人数，确实是保持某种产量的数量。换句话说，我们假设这两者在数量上同时增减，虽然这两者之间并没有一定的比例关系。

所以，在讨论就业问题时，我建议可以用两个能够被量化的概念，一个是

▶ 20世纪初的工厂

在劳动产量增加的时候，特定工厂所雇用的按工资单位计量的劳动者对于生产会表现出越来越低的效率。

货币价值量，另一个是就业数量。

前者是严格相同的，后者也可以人为地将它视为相同。其原因在于：不同类型的劳动者的报酬是具有稳定性的。如果我们将普通劳动者一个小时的报酬作为我们的计量单位的话，那么根据劳动者的报酬按某种比例转换为他的工作时数，而报酬高于普通劳动者一倍的劳动者工作时数相应增加为两个，那么我们就完全可以借此估算出就业量。

我们把衡量就业量的单位作为劳动单位，同时，我们把每一个劳动单位的货币工资作为工资单位。在这个基础上，假设 E 是工资总额，W 是工资单位，N 是就业量，那么一个简单的公式便出来了，即 $E=N \cdot W$。

也许会有人提出疑问：不同劳动者对不同岗位的适应性是否会影响到这个公式的准确性。我要说的是，因为劳动者的报酬与其效率成比例，我们对于单个劳动者在提供劳动上面的贡献与其劳动报酬成比例的考虑，是完全可以忽略掉工人因为岗位的适应性而导致的效率问题的。

同时也有人提出，当劳动产量增加时，一个特定工厂所雇用的按工资单位计量的劳动者对于生产表现出越来越低的效率，这是否应该加以考虑。其实，这也不过是在既定的用产量计算的资本和设备条件下，增加劳动者所造成的报酬递减的诸多因素之一。我们可以这样说，应该把同等报酬的劳动单位的不同效率归结于设备，以及归结于产量增加时设备越来越不适应增加雇用的劳动者，而不能归结于劳动单位越来越不适应所使用的同样效率的资本和设备。这样考虑的话，如果没有多余的、具有工作经验的劳动者，而被迫使用那些经验不足的劳动者，从而导致单位产出的劳动成本增高，也就意味着：当就业量增加时，单位设备收益的递减速度要快过存在过剩的、具有工作经验的劳动者时的情形。甚至在有些极端的场合，不同劳动单位的专业化程度区别之大，使他们很难相互替换岗位，也不会太难以解释，即当所有可用的专业的、有经验的劳动者都已经获得了工作时，某一特殊类型的资本和设备的产出供给弹性突然降为零了。所以，除非不同劳动单位的相对报酬是差异巨大的，否则我们关于劳动者相同效率的假设是不成问题的。而且，几百年来这种相对报酬巨大差额真的存在，我们也可以通过假定劳动者的供给和总供给函数的性状会迅速改变的办法来解决它。

我认为，在研究整个经济学体系的活动时，如果我们将自己的讨论严格限定在两种单位，即货币和劳动的使用上，那么我们就可以避免因为单位选择失误而造成的不必要的困惑和混乱。当我们仅仅要对单个厂商或单个行业的生产量进行分析时，也可以在分析中继续使用特定产出和设备的单位；当我们试图对某两个时代的经济状况进行比较时，可以在这种比较中使用如总产出数量、总资本设备量和一般价格水平之类含混不清的概念，这是因为在一定（也许还相当宽广）限度内，历史的比较本来就是不精确的和粗略的。

综上所述，我们将使用现有资本设备条件下所雇用的劳动力数量（不论是用于生产满足消费者，还是用于生产新的资本设备）来衡量当前产出的变化情况。有经验劳动者的工作时数则按其报酬进行计算。我们无须将一个产量同另一个由不同资本设备、不同工人集合所生产的产出进行定量比较。要预测拥有一定数量设备的雇主们对总需求函数的移动会作出怎样的反应，也没有必要知道如何将雇主作出反应后的产出量、生活水平和一般价格水平与不同时期或不同国家的同类事物进行比较。

生产函数

不论我们所关注的是一家特定的厂商、一个特定的行业，或是整个经济活动，均可以很容易表明：通常以供给曲线、联结产出与价格的供给弹性所表示的供给情况可以在使用我们所选择的两个单位的条件下通过总供给函数加以处理，而不需要使用产出值。因为一家特定的厂商（对于一个既定行业或是全部行业，情况大致相似）的总供给函数如下式所示

$$Z_r = \phi_r (N_r)$$

式中，Z_r 是引致就业水平 N_r 的预期收益，因此，如果就业和产出之间的关系为：就业量 N_r 可以导致产出 O_r，此处 $O_r = \psi_r (N_r)$，可以推论出

$$P = \frac{Z_r + U_r(N_r)}{O_r} = \frac{\phi_r(N_r) + U_r(N_r)}{\psi_r(N_r)}$$

这就是通常的供给曲线。

因此，在每种商品均同质的情形下，$O_r = \psi (N_r)$ 具有明确的含义。也可以用通常的方法估计 $Z_r = \phi_r (N_r)$，但我们不能用以加总 O_r 的方法却能用以加总 N_r，因为 ΣO_r 不是一个可以用数值表示的量。进言之，如果我们能假定：在既定的情形，既定的总就业量在不同行业中的分配比例是固定不变的，那么 N_r 就是 N 的函数。那就可能使问题得到进一步的简化。

第二节
生产预期与就业量

就业量是受生产量影响的，当社会对于生产的需求增加时，必然导致更多的劳动者获得就业机会。而当下的生产量的变化并不是受当下经济情况影响的，而是受人们对于未来预期的影响，当人们对未来抱有乐观或悲观的预期时，就会表现在当下的生产量的增加或减少上，进而影响就业量的变化，即就业量的巨大变化并不会不期而至，在就业量发生剧增或剧减之前，人们总是能够从社会层面对生产的预期当中，寻找到一丝可预测的痕迹。

生产预期

这个社会上所有的生产，其最终目的都是满足消费者的需求。然而，从生产者（把消费者考虑在内）为生产支付成本到最终产品被消费者购买，通常需要经过一段时期，有时这段时期是很漫长的。

正因如此，雇主（既包括生产者又包括投资者）必然形成所能实现的生产预期，并依此来推测：在经过一段可能是相当长的时期后，当他准备为消费者提供（直接的或间接的）产品时，消费者愿意为此支付多少报酬。这种预期是他们按这种消耗时间的方式生产的唯一依据。

经营者作出决策所依据的预期可以划分为两种，一些个人或厂商专门进行第一种预期，另一些则进行第二种预期。

第一种预期的主要核心是产品的价格，即一个制造商决定开始生产一种产品时，他期望能从制成的产品中得到的收益。所谓制成（从制造商的观点来看）

▶ **账目**

账目是指作为历史的记录之用并能够为预期提供参考的资料。

是指产品已经可以使用或者可以卖给消费者。

第二种预期所关心的是预期收益，即如果雇主（或者制造商）购买制成品以增加其资本设备，他希望未来能从中获取的收益。

这两种预期的不同之处在于，第一种为短期预期，第二种则是长期预期。

在这两种预期之下，生产者决定其一日产出的行为，就要取决于它的短期预期——对各种可能生产规模下的产出成本的预期，以及对产出销售收益的预期。不过，这种短期预期也是建立在合理的长期预期基础之上的。

而社会的就业量，也通常是与这些不同的预期联系在一起的。只有当产品生产和销售实际实现的结果能改变下一次预期的形成时，它们才能对就业量产生影响。而上一次的预期虽然能够让生产者形成现有资本设备、中间品的存货和半制成品的存货——厂商根据这些决定下一期的生产——但是原先的预期与下一期生产的就业量无关。因此，厂商在每次决策时，虽然他会考虑现有的设备和储备，但实际的预期还是根据未来成本和销售收益的预期而作出的。

生产预期对就业量的影响

总体来说，无论是短期生产预期的改变还是长期生产预期的改变，都要经过一段较长的时期才能对就业量产生彻底的影响。由于生产预期改变而造成的就业量改变，也是随时间的变化而逐渐深入的。

导致这种情况出现的原因在于：就短期生产预期而言，预期的改变不会迅速并剧烈地发挥作用。即便对于前景的预期是不乐观的，生产者也不会因此而放弃全部生产过程，即使从修正后的预期来看，该生产过程的开始本来就是错误的。反之，如果对前景的预期是乐观的，那么对预期的修正也会比较快，但就业量也需要经过一段准备时间之后才能得到显著的提升。

而对于长期预期而言，如果对前景的预期是不乐观的，那么资本设备将不再更新，但已经投入的资本与设备仍将继续维持一定的就业量。如果对前景的预期是乐观的，那么社会就业量就会偏高，高于在经历一段适应新预期的调整时期后的资本设备所应有的水平。

加入对未来的某种预期（乐观或不乐观）持续了足够长的时间，以致它对就业量的影响能够完全得以实现，致使全部就业量大致来说都是根据维持不变的就业预期产生的。在这个时候已经达到的稳定就业量，我们就可以称它为对应于该预期状态的长期就业量。

综上所述，我们可以得出的结论是：虽然对生产的预期会经常改变，以至于实际就业水平从来没有足够的时间达到与现行预期状态相应的长期就业量，但从整体上看，每一种生产预期都有对应于该预期的长期就业水平。

我们可以首先假设一下生产预期改变一次后不再有任何进一步的改变的情况。我们假设生产预期改变具有这样一个特点：新的长期就业量相对原来的就业量较高。一般来说，开始时只有投入率受到较大的影响，换句话说，受到影响的只是新生产过程中早期准备阶段的工作，而消费品的产量以及生产预期改变以前开始的生产过程晚期阶段的就业量，将保持在和以前一样的水平。如果企业内存在有

▶ **繁荣的市场**

“充分”就业、需求旺盛、生产资源得到最优的配置，就将带来整个社会市场的繁荣。

一些半制成品存货，那么上述结论可能需要加以修改。不过，初始就业量的增加比较温和这一结论仍然是正确的。而且，随着时间的推移，就业量会逐渐增加。

进一步来说，我们可以想象这样一种情况：在某个阶段，可能使就业量增加到比新的长期就业量还高的水平。因为，购置资本以满足新生产预期的过程，可能使实现这种长期预期状态后能产生更多的就业和更多的现实消费。因此，生产预期的改变可以使就业水平逐渐上升，上升到一个峰值后又下降到一个新的稳定水平。如果新的稳定就业水平和之前的一样，如果预期的改变代表着社会消费方向的改变，这种改变可以使某些现行的生产过程和资本设备显得不合生产需求，与上述相同的结果就会出现。

如果长期就业量低于原有水平，就业量的水平在过渡时期可以暂时处于新的应有的长期水平之下。因此，仅仅预期改变本身，在其发挥作用的过程中，就会产生像经济循环运动那样的动荡。这是在我的《货币论》中所讨论的，经济情况的改变是对周转资金和流动资本的购置和损耗时的运动类型。

像上述那种不间断地过渡到新的长期稳定状态的过程在具体的步骤上往往是比较复杂的。而实际的过渡过程更为复杂，因为生产预期不会停留在一个固定的状态中，而是会经常变动。在先前的改变充分发挥其影响作用的很长时间之前，又会加进一个新的预期。于是，在任何一个固定的时期，经济机器中存在大量的交错重叠的活动，其根源都是来自过去的各种对经济发展前景的预期。

综上所述，读者应该明确这种讨论对于我们的意义。同时，我们可以得到这样的结论：任何时期的长期就业水平，在某种程度上不仅取决于当下的生产预期，还取决于过去某个时期内存在的许多生产预期。过去尚未充分发挥其作用的生产预期就体现在现存的资本设备之中。而参照现存的资本设备，雇主要作出当下的决策。由此可见，不论上述的影响如何，可以准确地说，当下的就业量取决于根据今天的资本设备而作出的今天的预期。

在考虑就业量时，我们往往需要参考当下的长期生产预期，对于短期预期的参考则是没有必要的。

因为，在当下的经济环境中，修正短期生产预期的过程是一个渐进的和连续的过程，也都是依据当前经济状况而作出的。因此，预期的和当下的经济状况是交织在一起互相影响的。一般来说，生产量和就业量是由生产者的短期生产预期而不是由过去生产预期的结果所决定的，但最近的经济状况往往在决定这些生产预期是什么时候起着决定性的作用。

每当一次生产过程开始时，都要重新作一个生产预期会显得过于烦琐和没有必要。所以，除非有确定的理由证明生产预期将有变化，雇主按照最近实现的结果能继续维持的假设来形成预期是合理的。这样，在实际生活中，在最近产量所实现的销售收益对就业的影响与期望中的那个先投入所得到的销售收益对就业的影响之间基本上是一致的。雇主对经济前景的预期会更经常地根据当前的经济状况而逐渐地加以修改，而不是根据由于预期到前景的变化而加以修改的。

即便如此，我们应该记住的是：生产耐用品的生产者的短期预期，是以投资者的当下长期预期为基础的。而长期预期的一个特点，是它们不能在短暂的时间间隔中用实现的结果来加以检验。因此，正像我们将在之后章节看到的那样：我们会将对长期生产预期作更细致的探讨，探讨它们受到突然修正的原因和结果。因此，当下的长期预期这一因素的意义，即便是在最外围的框架上，也不会被现行的生产和就业状况所取代。

第三节
收入、储蓄和投资

收入是经济学研究的一个基本概念，经济学者用收入来定义社会财富、企业财富以及个人财富，对于收入的研究是经济学最早出现的课题，是古典经济学研究的核心，并在当今的经济学研究中仍占据重要的地位。

收入对于经济的运行有重要的影响，这种影响以储蓄、投资和消费等形式表现出来。对于收入以及储蓄和投资的研究，构成了经济学研究中最重要的一部分。

现期收入

我们用 A 来表示一个时期内，企业家把他生产的产品销售给消费者或其他企业来获得的收入。与此同时，我们用 A_1 来表示企业家为了获得其他所需要的产品而必须要支付的一定数目的成本。那么，最终企业家会拥有一些包括半制成品存货、流通资本以及制成品存货在内的资本设备，其价值我们则用 G 来表示。

▶ 个人收入

个人现期收入主要是以现金的形式出现的，而个人收入则是社会财富的主要组成部分。

然而，我们还不能够用 $A+G-A_1$ 来表示现期收入，因为这剩余的价值并不全部来自当下的生产经营活动，这其中一部分是在当下生产开始之前，它便已经拥有的资本设备。

因此，为了得到更加准确的现期收入数值，我们必须从 $A+G-A_1$ 中减去一笔款项，这笔款项代表从前一期继承下来的设备在价值上所作出的贡献。只要我们能找到一个合适的方法来计算这笔应被减去款项的数目，那么我们便可以对收入作出准确而明确的定义了。

那么，如何来计算这笔应该减去的款项呢？我在这里提供两种算法，这两种算法一种与生产有关，另一种与消费有关。首先，让我们来讨论与生产有关的计算方法。

基于生产的收入算法

资本设备在本期结束时的实际价值 G 是企业家所得到的一个净值，这个净值来自两方面。一方面，企业家通过向其他生产者购买设备和他自己本身的工作在本期内对资本设备进行维修和改进；另一方面，用资本设备生产产品，而导致的损耗和折旧。如果企业家决定不再用设备生产产品，那么，他们就会支出一个适度的款项来改进和维修设备。这里，我们假设企业家支出用于维修和改进设备的款项为 B'，其资本设备在本期结束时的价值为 G'，那么 G'– B' 便是资本设备闲置时，而从前一期可能继承下来的最大的净价值。这一净价值超过 $G - A_1$ 部分，即（G'– B'）–（$G - A_1$），这个公式的结果就是生产 A 所消耗掉的价值，或使用 A 所付出的成本，我们将它标记为 U 。企业家雇用劳动力而支付给其他生产要素的款项被称为 A 的要素成本，我们将它标记为 F。我们将成本 F 和成本 U 相加，结果就是产品 A 的直接成本。

如此一来，我们就可以对企业家的收入作如下的定义：本期制成品销售的价值超过其直接成本的那部分价值。也就是说，企业家的收入等于他的毛利润，而毛利润取决于企业的生产规模，也就是他想使之最大化的一个数值。上述定义与常识相符合，又因为社会其他人的收入等于企业家的要素成本，因此，企业家的总收入等于 Σ（A–U）。

▶ 机械

在人们的印象中，机械虽然普遍是被定义为生产资料的，但从资本的角度来讲，机械也可以作为原始资本。

如此定义的收入是一个明确的数值。除此之外，因为企业家在决定向生产要素提供何种就业量时，他企图使之最大化的正是收入超过他支付给生产要素的那部分，所以收入就会对就业量具有极其重要的因果影响。

当然，我们也不难设想一种情况，即 $G - A_1$ 的数值大于 $G' - B'$，那么资本设备的成本就为负值。例如，企业家可以用某种方式选择我们的生产时期，以致在该时期内，投入品的数量增加而应该增加的产品数量却还没有到达制成和可以销售的阶段。

除此之外，另一种资本设备使用成本为负值的情况是：投资的数值为正数，而如果我们设想某个行业的一体化达到了很高的程度，以致可以让企业家为自己制造大部分的设备，那么使用者成本也将是负值。

既然只有在企业家能够为自己制造资本设备时，资本设备的使用成本才是负值，那么在资本设备大部分不可能由同一个企业家制造的经济环境中，我们便可以理所当然地认为，资本设备的使用成本是正值。

这里我还要对本章后一部分的内容稍作提及。对整个社会来说，本期的总消费 C 等于 $\Sigma(A - A_1)$，总投资 I 等于 $\Sigma(A_1 - U)$。而且，除了从其他企业家那里买来的设备之外，单就企业家自己制造的设备来说，U 便是某个企业家的负投资。因此，在一个完全的经济体系中（在此，$A_1 = 0$），消费 $= A$，投资 $= -U$，即 $G - (G' - B')$。由于引入 A_1，从而使上述情况有点复杂，只是为了对一体化的生产体系提供一个普遍性的方法。

进一步说，有效需求只是企业家们希望从他们决定提供的当下就业岗位中的包括他们将支付给其他生产要素的收入在内的总收入。总需求函数把理论上的各种就业量和各种就业量下的生产数量所期望得到的效益联系起来。而有效需求是总需求函数上的一点；在这一点上需求是有效的，因为，把总供给的情况考虑在内，这一点便相当于能让企业家预期利润最大化的就业量。

这一系列的定义有一个显著的好处在于：我们可以和其他经济学家一样，把当前所定义的边际收益（或者收入）与边际要素成本等同起来，从而得到一些相同的命题；不过，因为那些经济学家忽视了使用者成本，或者把它假设为零，结果却把供给价格和边际要素成本等同了起来。

基于消费的收入算法

现在让我们来讨论第二种基于消费的收入算法。到目前为止，我们所论述的资本设备的价值变动只是其变动的一个部分，这个变动是因为企业家追求利润最大化而自主决定其生产规模的结果。

然而在此之外，还存在资本设备不受企业家行为影响的变动，这种变动是由于资本设备市场价值的改变、资本价值的老化或战争和地震等不受人为控制的原因所决定的。

在这种变化中，有些当然是不可避免的，但不可避免并不意味着完全不可预料。如不论使用与否，由于时间的流逝而带来的资本设备的损耗，以及所谓“正常的”老化，都是可以被人为预知的。

就如同庇古教授所说的那样，这种资本设备的老化“具有足够的规律性为人们所预见到，即使不能详尽地，但至少也能大体上被预见到”。此外，这种资本设备的损失还包括对整个社会的具有足够规律性的损失，一般被称为“可以被保险的风险”。这些预期损失的大小取决于进行预期的时期。

现在，我们暂时忽视这一事实并且把非自愿的、认为可以预料的设备折旧称为补充成本，其符号用 V 来表示。在这里也许并不需要指出：我们的补充成本的定义与马歇尔的不同，虽然两者的基本思路（不进入直接成本的那部分的预期折旧）是类似的。

基于此，我们在计算企业家的净收入和净利润时，通常把补充成本的估计值从他已经加以定义的收入和毛利润中减去。这么做的原因是：当企业家在考虑他能任意消费和储蓄的数量时，补充成本对他的影响和把补充成本从他的毛利润中减去的影响几乎是一样的。

因为，企业家不仅仅是以生产者的身份出现，有时还需要扮演消费者，所以我们在给净收入下定义时，从产品销售款项中减去补充成本和使用者成本，从而总净收入就等于 $\Sigma(A-U-V)$。这样，我们便得到了一个与消费的数量有关的概念。此时，仍然未加以考虑的是非自愿的和预料不到的资本设备的价

▶ 19世纪的海关和税收

海关和税收是贸易国家的主要财政来源，同时也肩负着掌控市场、调节供需的经济责任。

格改变。

这些改变来源于预料不到的市场价值的变动、特殊情况下的老化以及灾难的破坏那些非自愿的和预料不到的原因。对于这些被我们在计算净收入和资本账目时所忽略的实际损失，我们称为意外损失。

净收入在因果关系上的重要性在于：V的大小对现行消费数量在心理上的影响。

因为，净收入是某个人当期能自由支配的收入数量，所以就是我们假定一个普通人在决定其当期消费量时所必须考虑的因素。当然，在一个人决定拿出多少资本用于消费时，净收入并不是他考虑的唯一因素。例如，在资本账目上存在的意外增益和意外损失，会造成消费数量上相当大的差异。

但是，在补充成本和意外损失之间存在一个差别，即补充成本的变化对一个人的影响方式同毛利润的变化对一个人的影响方式是相同的。与雇主的消费有关的是现行产量的收益超过直接成本和补充成本相加的部分。然而，意外损失虽然也会影响企业家的决策，但其程度则是不同的。也就是说，一定量的意外损失和同量的补充成本并不具有相同的影响。

现在，再让我们回过头来讲讲补充成本和意外损失之间的分界线。换句话说，就是那些不可避免的、应该记入收入账目的损失和那些被认为可以合理地进入资本账目的意外损失（或者增益）之间的分界线，这个分界线取决于计算补充成本的公认准则。

因为在估计补充成本上没有建立起唯一的原则，那么补充成本的数值大小就要取决于我们选择何种计算方法。

当一个设备被生产出来时，补充成本的预期值是一个具体的量。但是以后对它再估算的话，它在设备剩余使用寿命期间的量可能会由于我们预期的改变而改变。而资本的意外损失则是原来预期的U+V与未来一系列预期修正后的U+V之差额的折现值。

以上公式是一个被英国国内税务署当局所认可的并被广泛承认的商业会计原则，即当购置资本设备后，就为其补充成本和使用者成本之和估算出一个具体数值，并在设备的整个使用寿命期间，这个数值维持不变，不论在此期间预期会发生怎样的改变。

在这种情况下，任何时期的补充成本必然被认为是事先规定的这个数值超过实际使用者成本的部分。这种会计准则的好处在于，可以确保整个设备的使用寿命期间的意外增益或损失均为零。但是在另一些情况下，任意一个会计期间（一般为一个公历年），在现行预期的基础上重新估计补充成本也是一个合理的方法。事实上，究竟采用哪一种方法是因人而异的，并没有统一的准则。既然如此，为了研究起来方便，我们就把设备刚刚购置时的起始预期补充成本称为基本补充成本，而把直到最近根据当期价值和预期重新计算出来的同一数量称为当期补充成本。

如此看来，我们是不能够获得一个在定量上更加精确的补充成本的定义的。这种成本包括一个最普通的企业家在估算他的净收入时要减去的那些账目，以便能根据净收入而宣布股息是多少（如果是股份公司的话）或者决定他现行消费量的规模（如果是个人企业的话）。

由于记入资本账目的意外损失或增益不能在企业家的考虑范围之外，所以当我们对某个账目有怀疑时，最合适的方法是将该项目列入资本账目，只有很明显地属于补充成本的项目才列在补充成本账目之内。因为，不论资本账目记入的项目有多少，其后果都可以通过改变该项目对现行消费量的影响程度而加以矫正。

对于净收入的定义

可以看到，我们对于净收入的定义与马歇尔的定义是非常接近的。与此同时，我们的定义也和庇古教授最近所定义的国民所得的货币价值比较相似。

但是，在古典经济学派那里，净收入是不清楚的，因为净收入是建立在众说纷纭的含混不清的标准之上的。例如，哈耶克教授曾提出：资本或商品的个人所有者可能以保持他从拥有资本品所获得的收入不变为目标。因而，直到他节约出足够的数量以抵销其投资收入下降的趋势之前，他不会主动地将其收入用于消费。

虽然我很怀疑是否真的有这样一种人存在，但显而易见的是，在理论上我们提不出任何意见来反对把上述的节约行为当作净收入的一个可能的心理标准。但是，哈耶克据此推断，认为储蓄和投资这些概念也含混不清时，则未必那么准确了，因为只有当他指的是净储蓄和净投资时，才是正确的。至于与我们的就业理论相关的储蓄和投资，正像之前已经说明的那样，不存在这种缺陷，并且能更加客观清晰地对它们加以定义。

由此可见，全力强调净收入而像古典经济学者那样忽视收入概念本身是错误的。进一步讲，净收入只是与消费决策有关，而且它与影响消费的其他各项因素也不容易区分。收入却与当期生产有关，同样是一个非常明确的概念。

我们对收入和净收入所作的上述定义，只是尽可能地接近它在日常商业中的用法。因此，这里有必要提醒读者，在《货币论》中，我曾在一种特殊的意义上给收入下过定义，该定义的特殊性在于：它与总收入中属于企业家的那部分相关联。我在为这一部分下定义时，既没有采取企业家在当期的经营生产中实际所取得的利润（不论是毛利润还是净利润），也没有采取他在对当期经营作决策时所预期的利润，而是采取某种意义上的正常或均衡利润（现在想来，如果我们允许产出规模有改变的可能性，则利润的这种正常的或均衡的意义也未能得到充分的确定）。

那么，依据《货币论》中的定义而导致的结果是：储蓄超过投资的部分即为正常利润超过实际利润的部分。

我认为，名词被如此复杂地诠释引起了相当的混乱，特别是在与储蓄相关的使用上更是如此。因而，我的结论是（特别是牵涉储蓄大于投资的情况时）：只有按照我定义的特殊意义来解释这些术语才是正确的。

然而，这些结论经常在一般意义上的讨论中被采用，似乎这些被使用的术语具有较多的众所周知的意义。基于此，并且因为我不再需要过去的术语来确切地表达我的思想，我已经决定放弃这些术语——并且对它们所造成的混乱表示抱歉。

投资和储蓄

人们在使用经济学术语时，有着极大的分歧，但有一点共识是我所知道的，那就是每一个人都明白并接受的储蓄的定义是：收入超过用于消费支出的部分。但也有人对于储蓄的意义有所怀疑，那么这种怀疑的目标就一定是对于收入或者消费的意义。

▶ 19世纪的柏林银行

银行是个人储蓄的服务机构，为个人积蓄财富，并将财富以其他形式投放到市场上。

上文中，我们已经对收入作出了定义。而任何时期的消费支出一定是该时期内卖给消费者的商品总价值，这仿佛又把我们拉回到什么是购买消费品的消费者这一问题。

其实，只要相关的规定能被一贯遵守，任何一个合理的划分消费品和投资品购买者的规定都能够合乎我们的要求。而现有的那些问题，我们也没有必要进行过分的讨论。

例如，是否应把汽车的购买看作消费品购买？是否应把房屋的购买看作投资品购买？在过去，曾经常常对此加以讨论，但如果有一个一贯的规定来区分，那么讨论就是不必要的。区分的标准显然必须要帮助我们来划分消费者和企业家的界限。这样，当我们把 A_1 定义为一位企业家向另一位企业家购买的产品价值时，我们已经潜在解决了这个问题。由此推论，消费支出可以毫不含糊地界定为 $\Sigma(A-A_1)$，此处，ΣA 指的是一个时期的总销售量，ΣA_1 指的是这个时期各企业家之间的购买量。在以后的讨论中，我打算省略掉所有的 Σ，并且用

A 来表示这个时期的全部销售量，用 A_1 来表示企业家之间的相互购买量，而 U 则是全部企业家的使用者成本的总和。

在定义了收入和消费之后，我们自然也会得到表示收入超过消费部分的储蓄的定义。既然收入等于 $A - U$，而消费又等于 $A - A_1$，那么，储蓄必然等于 $A_1 - U$。同样，我们用净储蓄代表净收入超过消费的那部分，那么净储蓄就等于 $A_1 - U - V$。

同样，我们之前对于收入的充分定义，也帮助我们能够立即得到当期投资的定义。当期投资指的是从本期生产活动中所产生的，资本设备价值的当期增加。这显然等于我们刚才进行了定义的储蓄。因为它就是当期收入没有被用于消费的那部分。

综上所述，作为任何时期生产活动的结果，企业家已经销售出价值为 A 的制成品，在考虑到企业家之间的相互购买为 A_1 的情况下，为了生产和销售 A 而被损耗的资本设备价值用 U 来表示（如果是增加，则用 –U 来表示）。

在同一时期内，制成品价值中为 $A - A_1$ 的部分是被用于消费的。$A - U$ 的部分超过 $A - A_1$ 的部分，也就是 $A_1 - U$，是作为这一时期生产活动结果的资本设备的增加，因而也是这个时期的投资。

▶ **储蓄存单**

一张写有中文的民国时期的储蓄存单，证明了储蓄是任何社会都必然存在的经济活动。

与此类似的是，考虑到资本设备的价值即使不使用也要遭受损失，以及不计入资本账目的意外损失或者增益的情况下，$A_1 - U - V$ 就是资本设备的净增加额，也就是该时期的净投资。

因此，虽然储蓄数量是消费者个人行为加总的结果，而投资数量是单个企业家行为加总的结果，但在总数上，这两者必然是相等的，因为它们每一个都等于收入超过支出的部分。而且，这个结论完全不取决于上面我们讲过的收入的定义，即它们是确定的。只要我们同意：收入等于当期产品的价值，当期投资等于当期产品中未被用于消费的那部分价值，储蓄等于收入超过用于消费支出的部分——所有这些都符合常识和大多数经济学家的传统用法——由此必然推论出储蓄与投资相等的结果。简单来说就是这样的推导

收入＝产出的价值＝消费＋投资

储蓄＝收入－消费

因而　储蓄＝投资

无论什么定义，只要能满足上述条件，就可以得到相同的结论。而要否定这个结论，你只有否定其中一个或另一个条件的正确性，这无疑是不可能的。

储蓄数量和投资数量的相等源于交易双方的特点：一方是生产者，另一方就必然是消费者或者资本设备的购买者。收入是由生产者售出其生产的产品所得到的价值超过使用者成本的部分所创造的，而全部的产品不是卖给了消费者就是卖给了另一个消费者或企业家，而每一位企业家的当期投资等于他从另一位企业家那里购买的资产设备超过他自己的使用者成本的部分。因此，从总量上看，收入超过消费的部分，也即我们称为储蓄的部分，不可能与资本设备的添置，也就是我们称为投资的部分有差异。同样地，净储蓄和净投资也是如此。

事实上，储蓄不过是一个余留额。储蓄决策和投资决策共同决定了收入。假定投资决策作为条件，企业家们就必然因此而减少消费或者扩大收入。这样，投资行为本身就不可能不使这个余留额（也就是我们称为储蓄的部分）按相应的数量增加。

当然，人们在作出将要储蓄多少和投资多少的决策时，会受很多因素的影响，以至于并不存在使交易得以实现的价格均衡点。在这种情形下，我们的名词便不再适用，因为产品不再有一个确定的市场价值，而价格在零到无穷大之间也找不到一个稳定的点。但是历史的经验表明，事实并非如此，在现实中存在的心理反应习惯可以实现购买意愿同销售意愿相等的均衡状态。同时，产品应具有市场价值正是货币收入具有一定价值的必要条件，也是储蓄者决定储蓄的总量等于投资者决定投资总量的一个充分条件。

读者想要清晰地理解这个问题，最好的办法或许是从消费决策（或抑制的消费决策）的角度来进行思考，而不是从储蓄的角度进行思考。

是否进行消费的决策的确属于个人力量所能控制的范围，是否进行投资也

是如此。总收入和总储蓄的数量是人们能否消费或者是否进行投资自由选择的结果。但是，这两者不可能脱离消费或投资的决策，而根据另一系列的决策来得到独立于上述决策之外的数值。按照这个原则，在之后的论述中，我们将用消费倾向这个概念来代替储蓄的倾向或意愿。

附录：使用者成本

我个人认为，很多人都忽略了使用者成本在古典经济学派价值理论中的重要地位。当然，我们也可以绕过使用者成本去讨论一些其他的东西，但作为一个主题之外的论述，我在这个附录里多少要对使用者成本作进一步的论述。

根据定义，雇主的使用者成本为

$$A_1+（G'-B'）-G$$

在这个公式当中，A_1 指的是某个雇主从其他雇主那里购买产品的数量；G 是一个生产周期结束时这个雇主的资本设备的实际价值；G' 指的是该雇主不使用其资本设备同时又需要耗费维护费和改进费 B' 时，该资本设备在一个生产周期结束时可能的剩余价值。

这样来说，G –（G'– B'）便是该雇主的设备的实际价值超过从上一个生产周期继承下来的净价值的增加值，代表雇主在他的设备上的当期投资，我们将其用 I 来表示。那么，雇主的销售额 A 的使用者成本 U 就等于 $A_1 - I$，在这个公式里，A_1 是该雇主从其他雇主那里购买的产品；I 是该雇主对他自己设备的当期投资。当然，上面这些不过是一些常识，只要稍微思考一下，我们就能了解。雇主向其他雇主购买支出的一部分相当于他对资本设备当期投资的价值，其余的部分则代表雇主因为要卖出产品所承担的生产要素之外的成本。

如果读者尝试着用其他方法来表述上述的内容，你就会发现，我们所用方法的一个好处在于它避免了无法解决的（同时也是不必要解决的）会计问题。我认为，再没有别的方法能如此准确地对生产的现行收益进行分析了。

这里，我们再假设一种状况，那就是整个行业实现了一体化，或雇主在他的企业内能够完全实现自给自足。那么 $A_1 = 0$，使用者成本也只不过是相当于使用其设备而造成的当期负投资。

而且我们这个方法还有另一个好处，即不需要把要素成本在出售的商品和保留的设备之间进行分配。这样我们就可以认为，不论是一体化的还是单个的企业所提供的就业量，都像是取决于一个单一的综合性的决策，这是同当期出售的产品与总产量之间实际存在的连接性相符合的一种方法。

此外，使用者成本这个概念还可以让我们提出一个比通常所采用的企业出售一单位产品的短期供给价格更明确的定义，因为短期供给价格是边际要素成本和边际使用者成本之和。

在当代价值理论中，经济学者们一般使用的方法是把短期供给价格单独和边际要素成本画一个等号。然而，显然只有在边际使用者成本为零时，或者只有像我所作的那样把“收益”和“总供给价格”定义为减去使用者总成本以后的数量，短期供给价格等同于边际要素成本才是正确的。

虽然为方便起见，我们在处理社会总产量时可以减去使用者成本，但如果把这种做法习惯性地（或暗中地）应用于单个行业或企业的产出时，就必然会使我们的分析脱离现实，因为它使一种物品的“供给价格”有悖于“价格”通常的含义。同时，这样做只会产生某些混乱，似乎假定“供给价格”应用于单个企业的一单位可销售产品时，意义很明显，不再需要讨论什么了。然而，如何处理一个企业从另一个企业购买什么，以及该企业因生产边际产品而发生的自己设备的损耗，涉及与收入的定义有关的诸多困难。所以，即使我们假设，由于增加销售一个单位的产品而引起的向其他企业购买的边际成本已经从单位产品的销售收益中减去，以便使我们明确我们所讲的企业供给价格的意义是什么，我们仍然要考虑到由于生产边际产品而导致的企业自己设备的负投资。即使所有的生产都由一个完全一体化的企业来进行，把边际使用者成本设想为零仍然是错误的，即由于边际产品的生产而造成的设备的边际负投资，一般来说，是不能忽视的。

使用者成本和补充成本也能够使我们在长期供给价格和短期供给价格之间建立一个比较清晰的关系。长期成本必然包括一个数额以补偿基本补充成本和预期直接成本；二者应适当地分摊在设备的使用寿命期间里。也就是说，产品的长期成本等于预期的直接成本和补充成本之和。而且，为了获得一个正常利

▶ 20世纪初的商船

船是比较大宗的资本设备，一条船的价值往往要超过一家小型的工厂，因而船舶的使用者成本无疑是非常高的。

润，长期供给价格还必须超过长期成本一个数值，其大小与设备投资具有类似期限和风险的贷款利息率乘设备成本之和来决定；如果我们喜欢使用标准的“纯”利息率，则在长期成本中还要加进一个我们可以称为风险成本的第三个项目，以补偿未知的、有可能性的实际收益与预期收益之间的差额。这样，长期供给价格就等于直接成本、补充成本、风险成本和利息成本之和，即长期供给价格可以分解为这几个组成部分。另外，短期供给价格就等于边际直接成本。因此，当企业家购买或自己建造资本设备时，必然期望能从直接成本的边际值超过它的平均值的部分来补偿其补充成本、风险成本和利息成本。其结果是，在长期均衡中，边际直接成本超过平均直接成本的部分，就等于补充成本、风险成本与利息成本之和①。

边际直接成本正好等于平均直接成本和补充成本之和时的产量水平，具有特殊的重要性。基于此，在该产量上，雇主的交易正好实现账目上的收支相抵，也就是相当于净利润等于零。而如果产量小于这个水平，则雇主的交易就会遭受损失。

① 这种论述的方式依赖于一个便利的假设条件，即由于产量的变化，边际直接成本曲线在它的整个取值区间内都是连续的。事实上，这种假设常常是不现实的，而且，可能有一个或多个不连续的点，特别是当我们达到一个设备的全部技术能力的产量时。此时，边际分析部分不再适用，价格可能超过边际直接成本，此处的边际直接成本是按照产量的微小减少来计算的（同样地，常常有一种下降方向的，也即产量的减少低于某一点的非连续性）。当我们考虑长期均衡中的短期供给价格时，这是很重要的。因为，在那种情形下，相当于技术上全部生产能力的不连续点如果存在，则必须包括在边际直接成本曲线内。因此，在长期均衡中的短期供给价格可能超过边际直接成本（用产量的微小减少来计算）。

除去直接成本，补充成本所需要弥补的程度因为设备类型的不同会有很大的差异，下面介绍两种极端状况：

1. 在使用设备的同时对设备进行某些方面的维护（如给机器加油）。这方面的消耗（除去从外界购买）应包含在要素成本之中。如果为了物质上的原因，当期折旧的全部数量必然按这种方法进行补偿，那么使用者成本的数量（除去从外界购买）就将等于补充成本的数量；并且在长期均衡中，边际要素成本将超过平均要素成本，其数额又等于风险成本和利息成本。

2. 只有在设备使用时，它的价值才会发生部分损耗。如果一个设备没有因为使用而随时得到补偿，那么这种成本应该被计入使用者成本。如果设备价值上的损耗只是按照这种方法发生，那么补充成本就将会是零。

有一点或许需要我们重视一下，雇主首先使用最老、最残旧的设备，并非仅仅是因为使用者成本低，事实上，较低的使用者成本是不足以抵偿相对的低效率的，也就是高额的要素成本。因此，企业家会优先使用的那部分设备，必然是单位产品的使用者成本和要素成本为最低的设备[①]。由此可见，对该产品的任何既定产量都有一个相应的使用者成本[②]，但总使用者成本对边际使用者成本即由于产品增加一单位而增加的使用者成本，并不保持一致的关系。

使用者成本是构成现在与将来之间的一个环节。因为雇主在决定企业以什么规模生产时，他要在当前就损耗掉设备还是留待将来使用之间进行选择，因为决定使用者成本数值的是设备的当期使用预期会牺牲掉多少未来的收益，这种牺牲的边际数量、边际要素成本以及预期的边际收益会一起决定生产的规模。

那么，雇主是如何计算其一次生产活动的使用者成本的呢？我们对使用者成本作出的定义是：在考虑到设备维修和改进的成本以及向其他雇主购买的成本的情况下，和不使用设备相比，使用设备所造成的设备价值的损耗。因此，想要计算出准确的使用者成本，就必须计算现在不使用设备所能得到的未来收

---

① 由于使用者成本部分地取决于对将来工资水平的预期，因而被预期为短期工资单位的降低将使要素成本和使用者成本按照不同的比例移动，从而影响到设备的被使用，并且影响到有效需求的水平。因为要素成本可能与使用者成本一起以不同的方式决定有效需求。

② 最先使用设备的使用者成本未必与总产量无关，即当总产量变化了，使用者成本可能沿着其曲线处处受影响。

▶ 闲置中的机械

当作为资本设备的机械处于闲置当中，不仅仅是一种资源的浪费，机械的所有者还必须承担依然在消耗的使用者成本。

益的折现值。这一数值至少等于该设备现在不使用，则其重置期会延迟，延迟购置所得到的收益的现值，也可能大于此数值①。

如果没有剩余或储备的生产品，那么每年都会有更多新生产出来的同类设备，用于增添设备总量或设备的重置。可以看到，边际使用者成本可以参照设备被使用而造成的使用效率和使用寿命缩减的数值，以及当期重置成本来计算。但如果有多余的设备，那么使用者成本还需要取决于在多余的设备由于折旧、损失等原因而损耗殆尽所需时期的利息率和当期（重新估计的）补充成本。依据这种方法，利息成本和当期补充成本间接地进入了使用者成本的计算之中。

当要素成本可以忽略时，使用者成本的计算便会更加容易。所以，以我在《货币论》中所举的原料铜有多余存货的情况为例，一吨铜在未来不同时期的预期价值取决于多余的铜被消耗的程度，并随着多余铜的减少而逐渐接近铜的正常生产成本。于是，一吨多余的铜的当期价值或使用者成本，将等于从估计的未来任何给定日期的一吨铜的未来价值中减去从那一个日期到现在的利息成本和当期补充成本之后，剩余的最大价值量。

用同样的方式来计算，当一条船或者一家工厂抑或一台机器存在多余的供给时，它的使用者成本等于多余设备被损耗殆尽的日期的重置成本减去当期补充成本以及当日到现在之间的利息成本。

① 当预期在后来的某些日子里能够得到一个大于正常的收益，而这种情况又不会长久，从而不值得（或者没有足够的时间）生产新的设备，这时就会大于此数值。今天的使用者成本是未来使用同一设备所带来的所有收益的折现值的最大值。

以上我们假设：设备是被用完全相同的设备来替换，如果不是如此，那么，使用者成本就要按照新设备的使用者成本的一定比例来计算，其数值由两种设备的相对效率来定。

当然，读者需要注意到，有时设备并不是慢慢老化，而只是一时过剩，那么此时实际使用者成本与它的正常价值之间的差额，是会因为多余设备损耗干净所需要的预期时间的不同而不同。

所以，如果设备的使用时间是均匀分布的，以至于每年都有固定数量的设备被淘汰掉，那么除非过剩的数目不大，否则边际使用者成本是不会降低很多的。在经济萧条的情况下，供给价格的上升很可能就是因为雇主们预期的修正从而导致的边际使用者成本的快速增加。

有些时候，人们会提出一种不同的观点，他们认为雇主们除非对所有的多余设备都进行销毁，否则并不足以提高供给的价格。但是，使用者成本这个概念表明，多余设备即便报废一半，也一样会使供给价格迅速提高。这是因为通过缩短多余设备被损耗所需的时期会提高使用者成本，这就必然导致当期的供给价格上升。这样看来，雇主们心中似乎早已了解了使用者成本这个观念，虽然他们没有把它明确地提出来。

如果补充成本数额庞大，在存在多余设备时，边际使用者成本就会比较低。此外，当存在多余设备时，边际要素成本和使用者成本都不大可能比它们的价值高出很多。如果上述两个条件同时成立，那么多余设备的存在很可能会让企业家的经营蒙受损失，也许是沉重的净损失。这种状态不会突然过渡到可以获得正常利润，而只能发生在剩余设备被使用完毕之后，当多余设备很少时，使用者成本将逐渐增加，并且边际要素成本超过平均要素成本和使用者成本的部分也会逐渐增加。

▶ **加工后的铜锭**

铜在工业中的用途非常广泛，一吨铜今天用完了，明天就不能再用，铜留给明天使用可能具有的价值必须明确地算作边际成本的一部分。

对于使用者成本，马歇尔在其《经

济学原理》中，用“设备的额外损耗”的名义解释了一部分，并将其列在直接成本之中，但马歇尔却没有指出这个项目要如何来计算，以及它的重要性。

庇古教授在《失业论》中，明确作出假设：由于边际产量而引起的资本设备的边际负投资可以被忽略不计。庇古教授说：“与产量差异相联系的设备耗损量以及所雇用的非体力劳动的成本差异，可以被忽略不计。一般来说，它具有次一等的重要性。”①

诚然，生产处于边际状态，设备的负投资为零的观念存在于大量的现代经济学理论之中。但一旦我们需要确切地解释单个企业的供给价格由什么决定时，问题就随之而来了。

基于此，闲置的设备的维修成本往往会减少边际使用者成本的量，特别是在预期会延续很长时间的经济萧条期间。虽然如此，较低的边际使用者成本并不是短期的必然特征，而是维修闲置设备成本很高的特殊情况和特殊设备类型的特点，也是以设备老化迅速和设备过多剩余为特征的非均衡状态下的特点，特别是比较新的设备占有设备数量很大比例的情况下，这个特点会更加突出。

至于原料的情况，也应该考虑使用者成本的必要性。一吨铜今天用完了，明天就不能再用，铜留给明天使用可能具有的价值必须明确地算作边际成本的一部分，但是，铜只是一个仅仅需要资本设备用于生产就会发生的极端事例。

而这一事实却被忽视了。要把原料和固定资本严格区分开来。对于原料我们必须考虑由于使用它们造成的负投资，对于后者我们可以毫无顾虑地把它忽略掉。这种假设是不符合事实的。特别是在正常情况下，每年都有若干设备不能使用而被替换，设备的使用会缩短更换期限。

使用者成本、补充成本这些概念有一个好处，就是它们既可以应用到运营资本和流动资本上，也可以应用到固定资本上。原料和固定资本的主要区别不是它们对使用者成本和补充成本的倾向性的不同，而在于下面这个事实：流动资本的回归是一次性的，而固定资本由于耐久性和逐渐被损耗殆尽，它的回归便是连续性的，包括一系列的使用者成本和在连续的生产中获得的利润。

---

① 霍特里先生曾经谈到庇古教授对供给价格和边际劳动成本的等同，并且认为庇古教授的观点会因此而受到严重的损害。

第四节
储蓄和投资的规范定义

在前面的章节中，我们已经对储蓄和投资进行了定义，它们不过是同一件事物的两个方面，所以在数量上，这两者必然是相等的。

然而，几位当代学者也曾对它们下过特殊的定义，并认为它们可能并不必然相等。并以这种并不相等的假设为前提，建立起了一系列论述。所以，这里需要对它们的定义和不通用法进行分类，有助于读者理解有关这两者的讨论和关系。

如我们所知，每个人都能够接受的是，储蓄是收入超过用于消费支出的部分。如果有人不接受这一点的话，那么肯定会给讨论造成极大的不便甚至引起理论上的误解。而对于什么是用于消费的开支，也不存在重大的分歧。因此，在理论和实践上差异不是来自对投资的有关定义，便是来自对收入的定义。

投资的定义

我们首先来谈投资。在最常见的用法中，投资被解释为个人或企业对新、旧资产的收购。虽然，有的时候投资会作为证券交易的专属名词，但我们这里所说的投资其内容是比较宽泛的。例如，购买一所房屋、购买一台机器、购买一批制成品或半制成品，这些都是投资。

新投资是投资领域的另一个名词，它有别于再投资，指的是用收入来购买任何种类的资本资产。在此，我们还可以把出售一项投资算作负投资，即反向投资，那么我的定义就与普通用法相同，因为旧投资的买和卖都必然与新投资相互抵消。

诚然，我们必须考虑到债务的形成和偿付，但对整个社会而言，总债权数量的增加或减少总是正好等于总债务数量的增加或减少，所以当我们讨论的对象是总投资时，信用和货币的复杂之处也会相互抵消。因此，我们可以作一个假设，通俗意义上的收入相当于我的净收入，那么通俗意义上的总投资就必然等于我的净投资。因为，为得到净增加额而被减去的原有资本设备的价值变动已经在净收入的计算中予以扣除了。

以这种方式定义的投资包含有资本设备的增加额，不论它是固定资本流动资本，抑或是运营资本。而一些有较大改变的投资定义，也不过是把上述三种资本中的一种或两种资本排除在投资之外。

譬如，霍特里[1]先生认为，流动资本的改变，即未出售商品存货数量的意外变动是非常重要的，因而他提出了一个把这种变化排除在外的可能的投资定义。在这种情形下，储蓄超过投资的部分实际等同于未售出商品存货量的意外增加，即流动资本的增加。

霍特里先生这种说法我并不赞同，因为他把全部重点放在了对最初未预料到的改变的矫正上，而不是放在对预期到的改变的矫正上。霍特里先生认为，雇主往往会参考他未出售商品存货量的变动而改变每日的生产规模。当然，对于消费品情形，存货的改变对雇主的决策起着重大作用，但是我找不到理由来排除掉影响决策的其他因素。所以，我倾向于强调有效需求的总体变化，而不仅仅是反映前一时期未出售存货增减的那部分有效需求的变化。

▶ 美国政府债券

政府债券历来被看作是最保险的投资方式，但在资本活跃的市场上，因为政府债券的利息较低，往往又被看作是最保守的投资。

① 拉尔夫·乔治·霍特里，英国著名经济学家、货币银行理论家，主要著作有《商业和信用》《收入与货币》《资本与就业》等。

而且，对于固定资本的情况，闲置生产能力的增加或减少对于生产决策的影响相当于未出售存货量的增加或者减少。对此，我看不出霍特里先生有什么方法来作出解释。

除此之外，奥地利经济学家所使用的资本形成和资本消费的概念，可能既不等同于我们对投资和负投资作出的定义，也不等同于净投资或净负投资。在某种特殊的情况下，资本消费被认为是可以出现在我所定义的资本设备没有净减少的情况之中。然而，我还没有发现任何能把这些术语的意义解释清楚的著作。

储蓄的意义

接下来，再让我们看一看收入的特殊定义和因此而导致的收入超过消费的部分所引起的储蓄与投资的不等。我在《货币论》中关于术语的用法，就是一个这方面的例子，正像我前面所解释的那样，我在该书所使用的收入与现在所使用的收入的定义不同。

▶ 世界各国货币

货币是经济研究领域一个重要的课题，而且随着经济发展越来越深入，货币在经济当中扮演的角色也越来越重要。

在《货币论》中，我的定义是把雇主的“正常利润”，而并非实际的利润作为企业家收入的。因此对储蓄大于投资，我认为：产量规模处于当前的状态，以致企业家从他所拥有的设备得到了低于正常利润的收益；而关于储蓄大于投资部分的增长，我认为：实际利润在下降，从而企业家具有减少产量的动机。

但现在，我更倾向于认为就业量是由雇主决定的，而改变就业量的动机在于谋求他当前和未来的利润最大化。与此同时，能使雇主利润最大化的就业量取决于总需求函数。总需求函数由雇主在不同的假设条件下，预期分别由消费和投资所产生的收益之和所给出。在《货币论》中，投资超过储蓄量的变化的概念，如同在那所定义的，是一种处理利润变动的方法，虽然我在《货币论》里对预期的和实现的结果并未加以明确的区分①。

在《货币论》中，我曾阐述：投资超过储蓄的那部分变动，是支配产量变动的一种动力。因此，我在本书中的新论点虽然更精确和更有启发性，但基本上只不过是我旧观点的发展。

如果用我在《货币论》中的语言来表述，则我的新观点可以作如下表述：当过去的就业量和产量固定时，投资超过消费的部分增长，将促使雇主增加就业量和产量。

我现在和过去论点的重要性在于，它们试图表明就业量是由雇主对有效需求的估计所决定的。而我在《货币论》中所定义的投资相对于储蓄的预期增加，是有效需求增加的一个参照。但是，鉴于我在这里提出了进一步的发展，《货币论》中的观点就显得含混不清了。

德怀特·罗伯森先生曾经论证，当前的收入等于昨天消费和投资的总和，从而当前的储蓄则等于过去的投资和过去的消费高于今天消费的部分。根据这个公式，储蓄如果能够超过投资，那么过去的收入就会超过当前的收入。这样，当罗伯森先生说有一个储蓄超过投资的部分，他的意思和我说收入下降的意思实际上是一致的。按照他的意思说储蓄超过投资的部分，正好和按照我相反所说的收入下降的部分相一致。如果当期的预期确实总是由过去所实现的结果来决定的，那么当下的有效需求将等于过去的收入。因此，罗伯森先生的方法可以被认为是对有效需求和收入加以区分的有别于我的方法的另一种具有相同目标的尝试，这种区分对因果分析是至关重要的。

强迫储蓄

这里，我们还要对“强迫储蓄”这个术语及其很多与之有关的、含糊的观

① 在《货币论》中，我的方法是把当期已实现的利润当作决定当期对利润预期的因素。

念进行论述。在这些含糊的观念中，是否有值得思考的东西呢？

在《货币论》中，我提供了一些这个名词的最早出处，并且认为这些用法和我在该书中所说的投资与“储蓄”的差别有些接近。现在我不再肯定，这种接近事实上是否还像我当时所设想的那么大。但无论如何，我确信“强迫储蓄”以及最近使用的类似的名词和投资与“储蓄”间的差别没有确定的关系。这里所谓的投资与“储蓄”的差别，确实是我在《货币论》中所指的那个意思。

▶ **弗雷德里希·哈耶克**

出生在奥地利的英国经济学家，以坚持自由市场资本主义、反对社会主义、凯恩斯主义和集体主义而著称。

虽然，这些学者并没有确切地解释这些名词是什么意思，但关于“强迫储蓄”，他们的阐述却是清楚的。他们认为，“强迫储蓄”是指在货币或者银行信用的数量变化中直接产生出来，并可用这种改变加以衡量的一种经济现象。

显而易见，产量和就业量的变化一定会引起用工资单位计量的收入的变化；工资单位的变化又一定会引发借款者和贷出者之间的收入再分配，以及用货币计量的总收入的变动；并且不论就产量和就业量的变化所造成的后果来说，还是就工资变动所造成的后果来说，都可能产生储蓄数量的变化。因此，货币数量的变化通过对利率的影响，会造成收入量及其分配的变化。这种变化可能间接地引起储蓄数量的变化。但是，储蓄数量的这种变化并不比任何客观条件的改变所造成的储蓄数量的变化更具有“强迫储蓄”的性质；从而，除非我们规定在某种既定条件下的储蓄数量为一个固定值，否则我们是没有办法来区分强迫储蓄与非强迫储蓄的。而且，我们也将看到从一定货币数量的变化所产生的总储蓄数量的变化具有高度的可变性，它是否变动要由很多其他因素决定。

因此，一个标准的储蓄数量被划定出来之前，“强迫储蓄”是没有特定的意义的。此时，如果我们选择一个相当于充分就业状态下的储蓄数量为标准，那么上面关于“强迫储蓄”的定义就变成了：“实际储蓄数量超过长期均衡中充分就业状态下的储蓄量的部分。”那么这个定义是有意义的。即便如此，“强迫储蓄”仍然是少见的、不稳定的，且不会成为一种常态。

哈耶克教授在其著作《强迫储蓄学说的发展简论》中曾给出“强迫储蓄”的本义。“强迫储蓄”或者“强迫节俭”原本是边沁提出的一个概念。边沁明确地表示，他理想中的这是在“所有的人手都被雇用，而且是以很有利的方式被雇用”的情况下，货币数量增加（相对于货币可以购买的东西而言）的后果。

边沁曾指出：在这种情况下，实际收入不能增加，那么发生在经济过渡中追加的投资也会引起强迫节俭，“以国民生活水平的牺牲和社会正义的丧失为代价”。

所有19世纪的经济学者在考虑这个问题的时候，本质上都持有相同的观念。但是，要想把这个十分明确的想法扩大到低于“充分”就业的情况是十分困难的。当然（由于增加的就业应用于一定的资本设备时的报酬递减规律的作用），任何就业的增加都会使已经就业的人牺牲一部分的实际工资。但是，要把这种收入的损失和可能伴随就业增加投资的增长联系起来，无论怎样努力，也无法得到任何成果。

无论如何，我不知道对“强迫储蓄”感兴趣的现代经济学者们做过什么以把这个思想扩展到就业正在增加的情况。他们看来似乎普遍地忽略了这个事实：把杰里米·本瑟姆的强迫节俭的概念扩展到小于“充分”就业的状态需要某些特定说明或限制条件。

投资与储蓄的恒定相等

认为储蓄与投资可以不相等的观点之所以能够流行，在我看来，更多是一种视觉上的错觉。这种错觉是把单一的存款者与其银行之间的关系看作一种单方交易，而不是把它看成实际存在的双方交易。

具有这种错觉的人设想，存款者与其银行之间进行的活动能够使储蓄消失在银行系统中，而不是转化为投资；反之，银行系统能够使投资成为可能，但却没有相应的储蓄。

但他们没有意识到，没有资产的收益又如何进行储蓄呢？无论资产是现金、债权还是资本品，都是来自投资的收益；反之，没有一个人能够获得一项他以前没有得到的资产，除非这项资产是新生产出来的资产，或是另外一个人转手过来的资产。

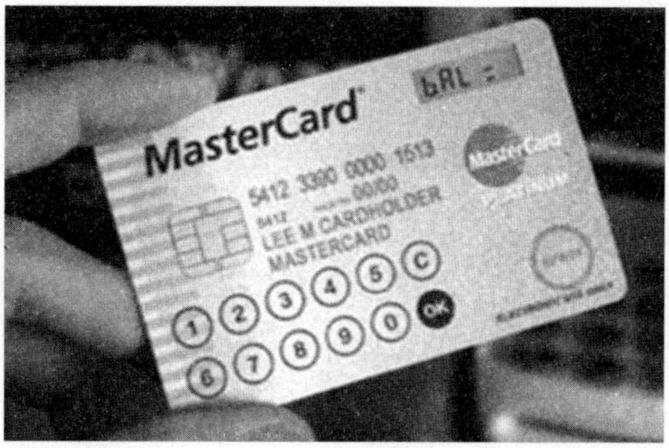

▶ **信用卡**

在当代社会，信用卡往往被看作信用与储蓄的标志，与此同时，也往往被视为消费的标志。

如果是第一种情况，则必然会增加一笔新投资；如果是第二种情况，则另一人必然有等量的负储蓄，因为其财富的损失必然是由于他的消费大于他的收入，而不是由于一项资本资产的价值变动而造成资本账目上的损失，因为那不是他遭受到的过去所拥有的资产价值的损失。这个人正当地取得了他的资产的当期价值，但没有以任何财富的形式保持此价值，也即他必然是花费在大于收入的消费上。另外，如果是银行脱手一项资产，则必然是某人脱手了一笔现金。综上所述，可以得出结论：社会上所有个人储蓄合起来的总储蓄必然等于当期新投资的数量。

有些人认为银行系统创造了信用因而有投资，但却没有相应的“真正的储蓄”，他们其实只看到了银行信用增加的结果，而没有看到其他结果。如果在现有的信用之外，银行又让渡信用给雇主，使他能够增加投资（没有信用的转让，就不能有增加的投资），则雇主的收入必然增加，而且是一般以大于投资增长率的速度增加。

或者，除“充分”就业的情况之外，实际收入和货币收入都将增加。社会大众将对收入在储蓄和消费之间进行“自由选择”。而向银行借款以增加投资的雇主不可能有效地实现他的意图：按照比社会大众决定储蓄更快的速度增加投资（除非这些企业家的投资被用来代替其他企业家会进行的投资）。

此外，社会大众按其决策所进行的储蓄和其他储蓄一样，是真实的储蓄。没有任何人会在不情愿的情况下持有相当于新的银行信用的额外货币数值，除非他愿意持有更多的货币，而不是其他形式的财富。然而，就业量、收入和物价不得不沿着这个逻辑改变，以致人们在新的情况下，选择持有额外的货币。

不可否认的是，在一个特定方向上，未能预料到的投资的增加可以造成总储蓄和总投资的不规则变化，而这种变化在投资的增加能被充分地预料到的条件下是不会发生的。同样不能否认的是，银行信用的转让会引起三种趋势：产量增加；以工资单位计量的边际产品的价值的上升（在报酬递减律作用下，必然伴随着产量的增加）；用货币计量的工资单位的上升（这经常伴随着就业量的增加而发生）。

所有这些趋势可能影响实际收入在不同人和社会阶层之间的分配。但是，这种趋势是产量增加本身所具有的特点。如果产量的增加来自银行以外的原因，那么这三种趋势均将会以相同的程度出现。要想避免它们的出现，只有避免任何能改善就业量的行为。

因此，传统观点中储蓄总会引起投资的理念，虽然并不完整而且容易误导研究者，但比起有储蓄而无投资或者有投资而无“真正的储蓄”这种新型的观点来说，至少在形式上还是更健全一些的。

传统观念的错误在于进行似乎有道理的错误推论，即当个人的储蓄增加就会等量地增加总投资。当然，一个人储蓄会增加他自己的财富，这是无可否认的。但是，他也会增加总财富的结论却没有考虑到一种可能性：一个人的储蓄行为可能影响到另一个人的储蓄，从而影响到另一个人的财富。

储蓄与投资恒定相等，个人的储蓄又明显由个人选择。两者之所以能协调一致，原因主要在于储蓄和消费一样，也具有两个方面。

虽然一个人的储蓄不太可能对他的收入造成较大的影响，但他的消费数量会反作用于整个社会的收入，从而使

▶ 华尔街

美国华尔街是全球的金融中心，那里的一举一动影响着全世界的资本市场。

其他人的储蓄不可能同时达到任何一个既定的数量。譬如，每个人都企图多储蓄而减少消费，那么每个人的收入也将受到影响，因此多储蓄的企图也最终必然失败。当然，对整个社会来说，储蓄少于当期投资的数量也是不可能的。因为这样做的企图，必然把收入提高到某一水平，从而使个人想要储蓄数量的总和正好等于投资量。

以上的论述与下面一个命题很相似，即如何协调以下两个方面：一方面，每个人都能随意改变他想要持有的货币数量；另一方面，每个人持有的货币量的总和又必须等于银行系统所提供的现金数量。

▶ 外汇储备

外汇储备是指各国为了应付国际支付的需要，在中央银行及其他政府机构所集中掌握的外汇资产。

在后一种情形中，两个货币量相等是由这样的事实造成的，即大众持有的货币量并不独立于他们的收入，而人们购买的物质财富，又自然成为持有货币以外的另一种持有财富的方式。这样，收入和价格必然发生变化，直至新的收入和价格水平能使人们想要持有的货币数量的总和等于银行系统提供的货币数量为止。这就是货币理论的基本命题。

这两个命题都并非妄想，而是来自对现实的推导。在社会经济中，没有出售者就不可能有购买者，或者没有购买者也就不可能有出售者。虽然在市场总体交易量之下，个人的交易量显得十分微不足道，从而使很多研究者容易忽视个人的需求。但我们必须明白一个事实，那就是需求永不是单方面的，我们在讨论总需求时，忽略了个人需求，就会让整个讨论毫无价值。这就是总体经济行为理论与个体行为理论之间至关重要的差异，因为，在个体经济行为理论中，我们可以设想，个人需求的大小不会影响他自己的收入水平。

第二章

消费倾向

The General Theory of Employment, Interest and Money

在本章中，我们将从消费的角度，来讨论国民收入被投入的领域，以及它在这些领域的影响。主要有：就业、价格、经济周期以及宏观经济政策等。在讨论这些的时候，我们需要重点探讨的问题是消费倾向与消费的决定因素。

在本章的三个小节中，我们从三个不同的方面展开讨论，客观因素对消费的影响、主观因素对消费的影响以及边际消费倾向，通过这些方面的讨论，我们能够得出的结论是：在大多数情况下，总消费量取决于总收入量，而消费倾向本身的变化是次要的。消费倾向分为平均消费倾向和边际消费倾向，平均消费倾向是相对于总消费量和总收入量来说的，而边际消费倾向则是相对消费增量和收入增量来说的。

第一节

客观因素影响下的消费倾向

在上一章的结尾处，我们在主题讨论之外，解决了一些术语的定义问题。在这一章中，我们要回到主题上，分析就业量的决定因素。

到目前为止，关于就业量我们已经得到了一个初步的结论：就业量取决于总供给函数和总需求函数的相交点。总供给函数主要取决于供给的物质条件，但这里面还有一些因素需要再深入地进行考虑，在未来的章节里，我们会对这些因素进行深入的探讨，并讨论总供给函数的反函数，我们将其称为就业函数。

论述就业量和消费

总需求函数说明的是在就业水平既定的条件下，就业水平与该就业水平预期能实现的“收益”之间的关系。“收益”是两个数量的和——当就业量处于既定水平时，社会用于消费的总量和用于投资的总量。决定这两个量的因素是不相同的，在本章中，我们要着重考察在就业水平既定时，消费总量是由哪些因素决定的。而在下一章中，我们将进一步考察决定投资总量的那些因素。

我们讨论涉及的是当就业水平既定时，用于消费的数量。那么严格地说，我们应该分析的就是能够表明消费量 C 和就业量 N 之间关系的函数。不过，为了方便起见，我选择使用稍微有些不同的函数，即把以单位工资衡量的消费 C_w 和以单位工资衡量的对应一定就业量水平的收入 Y_w 联系在一起的函数。这个函数的缺点是 Y_w 不是 N 的唯一对应函数，而 N 在所有的情况下都是相同的。因为 Y_w 和 N 的关系可能取决于就业量的具体特征。

▶ 港口

贸易拉动消费，从而创造社会供给，供给量的增加，必然促进就业量的增加。

也就是说，一定的总就业量N有两种不同的就业量的分配（由于个人就业函数会有不同的形态——这在之后的章节里会另行讨论）可能导致Y_w取值的不同。因此，应该对这个因素给予特殊的分析。但一般来说，认为Y_w是N的唯一对应函数，还可以说是一个近似准确的说法。因此，我们还可以将消费倾向定义为：用工资单位计算的一定收入水平Y_w和在该收入水平下用于消费支出C_w之间的函数关系，用x表示，则有

$$C_w = x(Y_w) \text{ 或 } C = W \cdot x(Y_w)$$

社会花费用于消费的开支数量显然由三种因素决定：部分地取决于社会收入的数量；部分地取决于客观存在的其他情况；部分地取决于该社会居民的主观需求，心理上的消费倾向性、习惯以及收入分配的原则（当产量增加时，分配原则可能随之改变）。

▶ 苏格兰人

直至今日，苏格兰地区仍然保持着在某些节日里男人要身着苏格兰裙的习俗，这表明不同的地域有不同的消费习惯。

消费的动机总是相互影响的，因此试图对这些消费动机进行准确的分类是很难的。即便如此，我们还是可以从两个类别上分别对它们进行分析。这两个类别分别是主观因素和客观因素。我们将在下一章对主观因素作更深入的分析，它包括人性

的心理特征、社会成规和制度，后两者一般是固定的，虽然并非不可变动，但是除非在不正常或者革命的情况下，否则短时期内不会有大的变动。从历史的角度加以分析，或把不同类型的社会制度进行比较时，有必要考虑主观因素的变化对消费倾向的影响。但一般来说，我们将在以后的论述中把主观因素当作固定不变的，而假设消费倾向仅取决于客观因素的变动。

论述影响消费倾向的客观因素

那么，影响消费倾向的客观因素到底有哪些呢？我试着将它们作出如下的罗列：

1. 工资单位的改变。显然，研究人们的消费我们更多需要的是依靠实际收入函数，而不是货币收入函数。在技术、偏好和决定收入分配的社会条件均为固定的情况下，个人实际收入随着他所支配的劳动单位的数量的变化而变化，也即随着以工资单位计量的收入的变化而变化。

当社会总产量发生变化时，个人的实际收入将（按报酬递减律原则）按照低于工资单位计量的收入上升的比例上升。所以大致说来，我们可以作一个合理的假设：如果工资单位发生了变化，对应于既定就业水平的消费支出，也将像价格一样按照相同的比例变化。虽然在某些情况下，我们还必须照顾到由于工资单位的变化所造成的实际收入在企业主和投资者之间分配的变化对总消费的影响。除此之外，我们已经考虑到工资单位本身的变化，因为我们是根据以工资单位计量的收入来给消费倾向下定义的。

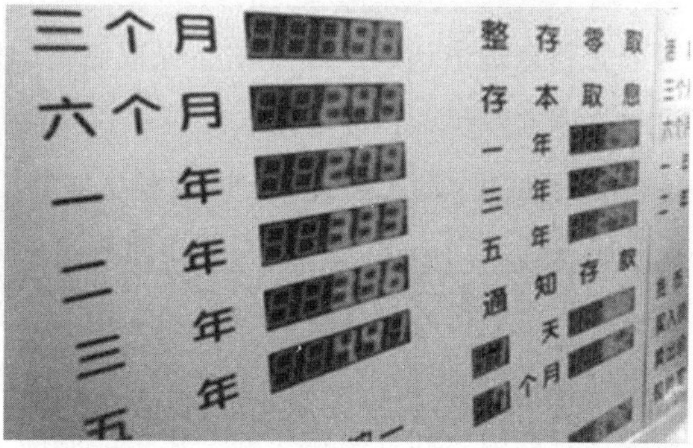

▶ **银行利息率**

时间贴现率虽然不能等同于利率，但却受利率的影响。

2. 收入和净收入之间差额

的变动。我们在之前的章节中已经证明，消费量取决于净收入而不是收入。因为按照定义，当一个人在决定其消费时，他内心中基本考虑的是他的净收入。在一定情况下，收入和净收入之间存在比较稳定的关系。这是基于以下状况而言的，即在不同的收入水平和与之相对应的净收入水平间存在一个唯一的函数关系。但如果不是这种情况，则在净收入中没有被反映出来的任何收入的变化都必须被忽略掉，因为它对消费没有任何影响。同样，没有在收入中反映出来的净收入的变化也必须被计算进来。然而，除去例外情况，我怀疑这一因素在现实中的重要性。对于这一点，我们将在本章的第四节进行充分的讨论，讨论收入和净收入的差额对消费的影响。

3. 在计算净收入时忽略了资本价值的意外变动对它的影响。这会对消费倾向产生非常重大的影响，因为它与收入之间没有稳定的或有规律的关系。财富较多的阶层的消费对其财富的货币价值预见不到的变动有异常的敏感性，这一点应该被认为是能在短期内影响消费倾向的主要因素之一。

4. 时间贴现率，也就是当前物品与将来物品交换比例的改变。时间贴现率和利息率并不是完全一样的。时间贴现率不仅考虑货币购买力可以预见到的未来变化，还要考虑一切类型的风险。例如，预期活不到足够长以享受未来物品，或者罚没性的税收。作为一种比较相似的估算，我们可以把时间贴现率和利息率等同起来。

这个因素对既定收入中消费量的影响，尚有一些未解答的疑问。古典经济学派的利息理论认为，利息率是保证储蓄的供给和需求实现均衡的重要因素。因此，为方便起见，可以作出假设：在其他条件恒定的情况下，消费支出对利息率的变动会作出逆向反应，因而利息率的任何上升都会使社会消费支出减少。长久以来，人们认识到利息率的变动对愿意用于当期消费的全部支出的影响是复杂并很难确定的，这种影响取决于相互矛盾的趋向。因为利息率的上升可以使趋向储蓄的主观动机很容易得到满足，同时又会削弱其他一些主观的动机。在很长时期内，利息率较大的变化可能倾向于在较大程度上改变社会习惯，从而影响主观的消费倾向——虽然除了根据具体事实加以判别之外，很难说影响的方向如何。

不过，短期的常见利息率的波动不大可能对任何方式的消费产生较大的直接影响。如果人们的总收入不变，那么不会有太多人会因为利息率从5%下降到4%而改变他们的生活方式。

当然，这里还可能有很多间接的影响，虽然影响的方向未必相同。通过利息率的变化对既定收入下的消费意图的最大影响也许在于利息率的改变对有价证券和其他资产的增值或贬值作用。如果一个人的资本价值获得意料之外的增值，那么即使他的资本赚取收入的能力并不比从前好，他增加当期消费的动机也会得到加强。如果他遭受在资本上的损失，那么消费动机也会因此被削弱。但是，这种间接影响，我们之前的论述中已经考虑到了。

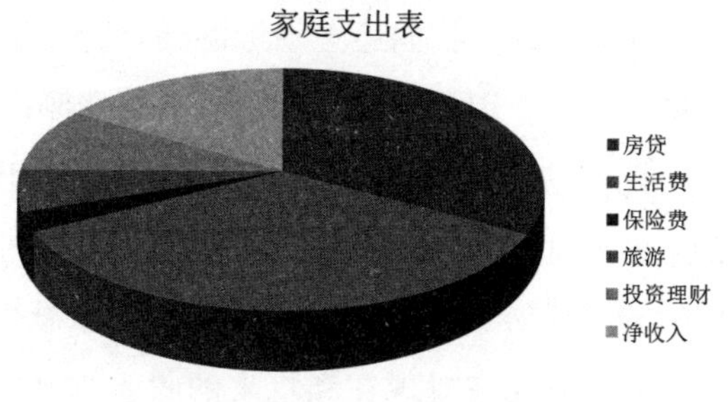

▶ 净收入饼状

个人消费受很多因素的影响，但最主要的还是个人的消费理念和消费习惯。

此外我还认为，经验能够带给我们的结论是：除非利息率有不同寻常的巨大改变，否则利息率对个人在既定收入中的消费量的短期影响相对来说是次要的。当利息率确实下降到一个较低的水平时，用一定金额所能购买到的年金和该金额每年的利息之间的比例增加可能是造成负储蓄的一个重要因素，因为这种比例的增加可以促使人们购买年金以供养老。

除此之外，消费倾向可以受到急剧影响的非正常情况也许应被纳入这个项目中。在这种非正常情况下，人们对未来具有极大的不确定性，因而可能会对自己的消费倾向作出改变。

5. 财务政策的改变。既然引导个人进行储蓄的是人们对未来收益的预期，那么储蓄显然就不仅取决于利息率，还取决于政府的财务政策。政府对人民的所得进行课税，特别是对不劳而获的收入进行歧视性课税，如资本利润税、遗产税及其他类似的课税，和利息率一样都会影响储蓄。同时，财务政策可能变动的范围至少在预期上比利息率的变动范围要大。如果财务政策被有意地被作为取得收入分配均等化的手段，那么它在提高消费倾向上的影响当然还会更大[①]。

除此之外，我们还必须考虑到政府为了偿还政府债务而设置的来源于税收的债务基金，因为它会对社会总的消费倾向产生影响。这种债务基金代表一种社会性的储蓄，所以大量设置债务基金的政策应被当作减少消费倾向的因素。正是由于这一原因，当政府从借债政策转向相反的设置债务基金政策（或作相反的转变时），它能造成严重的有效需求减少（或者明显的增加）。

6. 人们改变对现在和将来的收入水平差距的预期。为力求形式上的完整，我们还要列入这一项目。虽然该项目可能在相当大的程度上影响个人的消费倾向，但对整个社会的消费倾向来说，该项目的影响很可能会由于每个人改变预期的方向不同而相互抵消。此外，该项目具有较大的不确定性，从而会对消费倾向施加较大的影响。

到这里我们已经得出结论：对于给定的情况，只要除掉以货币计量的工资单位的变动，消费倾向其实是一个相当稳定的函数。资本价值的意外变动可能改变消费倾向；利息率和财务政策实质性的变动会对消费倾向产生不同的影响。与此同时，其他影响消费倾向的客观因素虽然不可忽视，但一般来说并不十分重要。

在一般经济情况下，以工资单位计算的消费开支主要取决于就业量和生产量。这一事实是把其他因素综合在笼统的“消费倾向”函数之中的合理依据。因为其他因素固然可以改变（这一点需要牢记），但以工资单位衡量的总收入一般是决定作为总需求函数组成部分的消费量的主要变量。

论述消费与收入的关系函数

消费倾向是一个相对比较稳定的函数，总消费量通常取决于总收入量（两者均以工资单位加以衡量），而消费倾向本身的变动则被认为具有次要作用。在

① 财务政策对财富增长的影响曾经引起重大的误解。然而，对这种误解，在不具备利息理论的帮助时，我们的讨论尚不能很充分。

承认这些的前提下，这一函数的正常形式是怎样的呢？

在这里，根据人类的本性和历史的经验，我们要使用一条基本的心理规律：一般平均来说，当人们的收入增加时，他们的消费也会增加，当然，消费的增加可能不会像收入增加得那么快。这就是说，假设 C_w 代表消费量，而 Y_w 代表收入（两者皆以工资单位衡量），那么，ΔC_w 和 ΔY_w 会具有相同的正负号，但前者小于后者，即 $\frac{dC_w}{dY_w}$ 的取值为正数并小于 1。

如果我们讨论的是短期的情况，情况则更是如此。在所谓的就业量周期波动的情况下，习惯有别于更永久性的心理倾向，还没有足够的时间改变自己使之适应已经变化了的客观环境，因为一个人的收入首先要满足已经习惯的生活水平下的消费，而后才倾向于将其实际收入与维持其习惯的生活水平所需消费的差额储蓄起来。或者，如果个人随着收入的变动而调整支出，这种调整也很难在短期内彻底完成。因此我们可以说，收入的上升通常会伴随着储蓄的增加，收入的下降则通常会伴有储蓄的减少。当收入变动时，储蓄初期的变动会比以后具有更大的波动。

▶ 一个四口之家一周的消费

当社会到达一定的富裕程度，个人收入已经足够满足生活所需的基本物质之后，人们便会有更多的财富用来储蓄。

但是，除了收入水平在短期内的变动外，绝对收入如果处于较高的水平，显然会扩大收入和消费的差距。因为一个人和他家庭的即时基本需求获得满足，往往是这个人最迫切的需求，因此他会积累更强的动机。只有当生活达到一定富裕的程度后，一个人的积累动机才会逐渐增强。基于这些原因，当实际收入增加时，人们通常会将其收入中的大部分储蓄起来。但是，无论多大比例的收入被储蓄起来，我们都可以把下面的陈述作为现代社会的基本心理规律：

当社会实际收入增加时，社会不会使消费量增加的绝对数量等于收入增加的绝对数量，从而，除非其他因素同时发生强烈的变化，社会必将进行绝对数量较大的储蓄。

正如我们在以后的章节中要说明的那样，经济体系的稳定性主要取决于这条普遍存在于现实中的规律，意思是说，如果就业量增加，社会总收入也增加，并非所有新增就业量都会被用以满足新增的消费量。

另外，由于就业量水平的大幅度降低而导致收入大幅度下降，甚至可能导致消费超过收入。这不仅是因为某些个人或群体用掉了他或他们在经济状况良好时积累起来的财富，并且还因为政府很可能有意无意地陷入财政赤字当中。这样，当就业量下降到较低的水平时，总消费量将比实际收入下降一个较小的数量。其原因一方面是个人的习惯行为所致，另一方面则是由于政府可能要执行的政策。这两个原因可以解释为什么通常在波动幅度有限的范围内，均衡状态能够得以形成。否则一旦就业和收入开始下滑，就有可能一直下滑到极端的地步。

我们可以看到，这个看似简单的原理可以导出一个和过去相同的结论：除非就业倾向有所改变，否则就业量只能伴随投资量的增加而增加。其原因在于：当就业量增加时，由于消费者的开支小于总供给价格的增加，除非投资的增加能填补两者之间的差距，否则就业量的增加将证明是无利可图的。

论述财物政策对消费的影响

读者千万不要低估上面讲过的事实，即就业量是预期消费和预期投资的函数。在其他前提给定的情况下，消费是净收入的函数，也就是净投资的函数（净收入等于消费加净投资）。换句话说，在计算净收入时，被认为是必要的财务储备越大，证明一定的投资水平对消费从而对就业的有利影响越小。

当全部的财务储备（或者补充成本）目前实际上都用于维修现存的资本设备时，它的作用不大可能被忽视。但当储备金额超过用于现时的维修实际支出时，由此而造成的后果对就业量的影响并不总是为人们所了解。其原因在于：这一超出额既不直接引起当期投资的增加，又不可能用于消费。所以，这个超出额必须由新投资来弥补。而对新投资的需求与财务储备所形成的旧设备的当期损耗几乎没有多大关系。结果，可能提供当期收入的新投资相应减少。为了达到既定水平的就业量，对新投资更为强烈的需求是必要的。此外，许多同样的考虑也适用于包括在使用者成本之内的损耗，如果该损耗实际上没有得到弥补的话。

以一栋房屋为例，该房屋直到被完全废弃之前均可以持续居住，如果没有能从房客支付的租金中减去一笔作为折旧，而这笔折旧既没有被房主用于维修，又没有被他拿去做别的消费，那么这笔资金，无论被算作U还是V的一部分，都会在房屋的整个使用寿命期间继续压低就业量，直到该房屋重建时，才突然把以往压低的就业量一次性补足。

▶ **普通人的住宅**

在住宅的使用年限之内，折旧是不可避免的，这部分折旧如果不能由租客承担，便只能由房主承担。

在一个静态的经济体系中，所有这些或许不值得一提，因为每年旧房屋的折旧费正好被新房屋的建造费所抵消，而每一年的新房屋又正好能替代每一年年终时结束其使用寿命的旧房屋。但是，如果我们把这些因素放到一个非静态的经济体系中，却可能具有重要作用，特别是在耐用资本设备投资异常活跃之后的一段时期。因为在这种情况下，雇主往往会为已经存在的资本设备扣除较大数量的储备金额，而已经存在的资本设备虽然会发生逐渐的损耗，但它们当前所需要的维修费用却远未达到被扣除的储备金额的水平。这样，当期新投资项目的很大部分都会被较大数量的储备资金所抵消。这些事实所造成的后果是：收入只能处于一个较低的水平，低到能与低数值的净总投资相适应。

由此可见，在重置资本设备的开支能起到应有的作用之前，偿债基金等项目就已经从消费者那里抽走了购买力。也就是说，这些项目会削弱当期的有效需求，而只有在实际上对资本设备进行重置时，才会使有效需求得以增加。如果这种作用被“财务上的稳健态度”——即为资本设备提取的储备基金大于资本设备的实际被磨损掉的部分才是很稳健的——所强化，那么加在一起的后果的确会非常严重。

以1929年的美国为例，截至该年前5年资本设备的迅速扩张已经使尚不需要更换的厂房设备的偿债基金和折旧费用达到十分庞大的规模，以至于吸引这些财物储备必须是巨额的新投资才行。然而，想获得多到足以补偿当时处于充分就业下的富裕社会所进行的储蓄的新投资几乎是毫无希望的。单单这一个因素就足以引起一次经济的大萧条。此外，由于这种类型的"财务上的稳健态度"在整个萧条期间继续被那些有实力的大公司纷纷采用，又导致了经济复苏的延宕。

我们再以当前（1935年）的英国为例。自第一次世界大战以来，英国进行了大量的住宅建设，这些建设和其他新投资使偿债基金远远超过当前为了修缮和更新而需要的数量。这种倾向又被"稳妥的"财务原则所加深。对地方当局和公众机构所进行的投资而言，该原则要求用来补偿投资费用的债务基金更多，只有如此才能在离要更新投资设备的时期远未到来之前就能收回全部投资费用。但这样做的后果是：即使个人能把他的全部净收入用到消费上面，想要恢复充分就业也仍是一项艰巨的任务。

▶ **战后的重建**

每一次的战争，都意味着社会财富被大量地消耗，在战争之后，对真正破坏的重建，会大幅提升偿债基金的数量。

我认为，地区当局每年划出的债务基金目前已占到了这些地区当局用于新投资的全部费用的一半以上[①]。尽管如此，我们仍无法确定卫生保健部门是否了解，当它要求地区当局设置高额的债务基金时，它会让失业问题恶化到一个非常严重的程度。

以建筑业协会贷款给人们建造自己的住宅为讨论对象，人们因为想要尽快清偿债务，所以住宅主人

① 1929年3月31日至1930年3月31日，地方当局花费于资本设备的款项为8700万英镑，其中，3700万英镑是由债务基金提供的。自1932年3月31日至1933年3月31日，相应的数字为8100万英镑和4600万英镑。

的储蓄会大于住宅损耗所要求的数量——虽然这一事实也许应被归结为消费倾向的直接降低，而不是由于净收入的减少所致。从实际数字来看，建筑协会的抵押贷款的偿还额从1925年的2400万英镑增加到1933年的6800万英镑，而其间的新增抵押贷款为10300万英镑。而到了今天，这些贷款的偿还额很可能还要高些。

从产量统计数字中我们可以找到的是投资额，而不是净投资额。这一事实在科林·克拉克的著作《1924—1931年的国民收入》中已经被体现出来。克拉克指出：在正常情况下，折旧等项目的数值会占有投资额的很大一部分比重。例如，克拉克估计，1928年到1931年的英国，投资额和净投资额的情况如下：

单位（百万英镑）

年份	1928	1929	1930	1931
毛投资	791	731	620	482
原有资本设备的物质损耗价值	433	435	437	439
净投资	358	296	183	43

克拉克所统计的毛投资的数额或许比我所统计的投资数额多少要大些，因为他统计的毛投资可能包括我所说的使用者成本，而他的“净投资”在何等程度相当于我的定义还不清楚。

库兹涅茨先生在撰写1919—1933年的《毛资本的形成》的统计时，也曾得出了极为相同的结论。产出统计中所包含的只能是毛投资，而不能是净投资。库兹涅兹发现了从毛投资转向净投资是很不容易的，他在著作中写道：“从毛资本形成转向净资本形成的困难，也就是矫正当期耐用商品的消费的困难，并不只是因为数据的缺乏，而是因为能使用多年的物品的年损耗这一概念本身就是含混不清的。”因此，库兹涅兹只能假设“企业的账簿中所扣除的折旧和消耗正确地反映了企业所使用的现有耐用品的折旧和损耗的数量”。另外，他绝不会试图扣除个人手中持有的房屋和其他耐用品的折旧。

库兹涅兹关于美国的统计结果可以概括如下：

单位（百万美元）

年份	1925	1926	1927	1928	1929
毛资本形成（扣除企业存货变动的净值）	30706	33571	31157	33934	34491
雇主的维护、修理、检查、折旧和损耗	7685	8288	8223	8481	9010
净资本形成	23021	25283	22934	25453	25481

单位（百万美元）

年份	1930	1931	1932	1933
毛资本形成（扣除企业存货变动的净值）	27538	18721	7780	14879
雇主的维护、修理、检查、折旧和损耗	8502	7623	6543	8204
净资本形成	19036	11098	1237	6675

上表显示出几个基本事实：1925 年到 1929 年，美国社会的净资本形成非常稳定，在上升阶段的后期只增加了 10%，甚至在萧条阶段的谷底，企业家用于设备运行的成本的扣除额仍维持着一个很高的数额。但是，库兹涅兹的方法必然会导致折旧等年增长额被过分低估，因为他估计的折旧费用等只相当于不到每年净资本形成的 1.5%。尤其重要的是在 1929 年以后，净资本形成呈急剧下滑的态势，1932 年下降到自 1925 年至 1929 年 5 年平均值的 95%以下。

以上所论述的内容，在某种程度上实际是脱离主题的。之所以要论述它们，主要是因为我想要强调：一个已经拥有了大量资本存货的社会，要想得到通常有可能被用于消费的净收入，就必须扣除一定数量的社会收入，因为如果我们把这一点忽视了，我们就可能低估在消费倾向上的沉重负担，甚至在大众愿意消费很大一部分净收入的情形下，这种负担依然存在。

论述公共事业对消费的影响

▶ 道路

在大部分国家，道路的建设作为公共事业是由政府来主持的。

众所周知的是，消费是所有经济活动的唯一目的。就业的机会必然受到有效需求或多或少的限制。总需求只能来自当期消费或者当期为未来消费所作的资本储备，而我们因为未来的利益作出的资本储备，不可能永远不用于消费。一个社会不能用财务上的措施，而只能用当期的物质产品来满足将来的消费。由于像我们这样的社会和企业组织会把财务上为将来消费所作的准备和在实物上为将来所作的准备区分开来，所以为取得前者而作出的努力未必也会让我们获得后者。

正如很多事实证明的那样，财务上的稳健政策有可能减少社会总需求，从而损害社会福利。此外，我们预先准备的未来消费储备越大，我们就越难找到更多的能事先为未来作准备的消费渠道。从而我们就更加依赖当期消费作为总需求的来源。然而不幸的是，我们的收入越多，我们的收入和消费之间的差距也就越大。因而，正如我们将要看到的一样，如果拿不出什么更新的应急方法，我们就一定会对这个问题束手无策。于是，大量的失业就成了不可避免的事情，人民会因此而变得贫穷，以致我们的消费小于我们收入的数量不超过当前生产的供将来消费的物质储备的价值。

这里，我还可以用另一种办法来解释这个道理。社会消费的一部分是被当期生产的物品满足的，另一部分则需要用前期生产的物品即负投资来满足。如果用过去生产的物品的消费满足达到一定程度，当期需求就会减少。因为到了这样的程度，当期支出的一部分就不能转变为净收入的一部分。反之，在一个

▶ 发达的海上电网

输电网路是公共投资的一个重要领域，这种公共投资会提升此时期的就业量，但对于未来的就业量，却又是一个不利的因素。

时期内当每生产一件物品都是为了满足以后的消费需求，那么当期需求就会扩大。当期所有的资本投资迟早都会以负投资的形式结束。因此，随着资本存量的增加，当资本投资超过资本负投资的数量大到足以能弥补净收入和消费之间的差额时，就形成了一个难以解决的问题。只有将来的消费支出预期增加时，新资本投资才能超过当期的资本负投资。每次我们用增加投资的办法来取得今天的均衡时，我们也就是在加剧明天取得均衡的难度。今天消费倾向的降低只有在该倾向在将来的某一天能提高的情况下，公众才能因此获益。

需要我们意识到的是，对于我上面提到的最终可能会面临的巨大困难，公众似乎只是在诸如修筑道路、建造住宅等公共投资领域才能意识到。公众反对行政当局主办投资提高就业计划的理由通常是这种投资会对未来造成困难。人们会质疑道："当你们为将来数量不变的人口建造出了他们所需要的一切住宅、道路、政府办公楼、输电网、供水设备等时，在未来你又要做些什么呢？"但是，同样的问题如果放到私人投资和私人产业的扩展上，人们便能够轻而易举地理解了。

在上面的这些例子中，关于资本问题的许多学术讨论中无法辨识清楚的困难在很大程度上是相同的，它们都是因为没有充分认识到资本是不能离开消费而独立存在的东西。恰恰相反，代表一种永久性的生活习惯的消费倾向的减少，必然会减少对资本品以及对消费品的需求。

第二节
主观因素影响下的消费倾向

除了受一些显著的客观因素影响外，社会消费倾向也受人主观的喜好影响，这种影响可以表现在多方面，主要是由人满足内在或外在需求而产生的各种动机决定的。这些动机决定着人的消费倾向，同时也决定着人的储蓄倾向。

动机对于储蓄倾向的影响，最显著的表现就是利息率对于储蓄的作用。利息率的改变对于消费倾向的影响虽然微弱，但却可以影响到人的投资倾向，进而影响储蓄的选择。

论述营销消费的主观动机

对于既定收入中的消费量的影响，这里存在第二个因素，它是在既定的以工资单位为标准的总收入和既定的前述讨论过的客观条件下，决定消费支出的主观和社会的因素。不过，对这些因素的分析并不会引出什么新颖的观点，所以我们在这里不用长篇大论地加以讨论，只是列出其中比较重要的因素就足够。

一般来说，抑制个人将收入用于消费的行为，共存在八个具有主观性的动机，它们分别是：

1. 为了未能预见的可能会发生的资金需求而建立一笔储备资金；

2. 为了个人或家庭能够在可预见的将来在收入和需要之间关系的改变而提供储备，如为了养老、家庭成员的教育或抚养无自主生活能力的人；

3. 为了获得远期的利息和财产的增值，即因为想要获得以后较大量的消费而放弃当前较小量的消费；

4. 为了取得能够逐渐增加的生活开支，人们普遍有一种希望自己生活水平逐渐得到提高的愿望，为了实现这个愿望，人们可能会降低他享受的能力；

5. 为了取得一种独立生活的意识和成就事业的力量，虽然对具体行动并没有明确的想法或意图；

6. 为了进行投机或商业经营而积累原始资本；

7. 为了给子孙留下遗产；

8. 为了满足纯粹是守财奴的欲望，即不合理的、永久的吝啬，拒绝消费。

对于以上这八个动机，我们可以依次称它们是谨慎、远虑、规划、改善、独立、进取、骄傲和贪婪动机，当然，我们还可以对应地列出一个消费动机表，如享乐、慷慨、浮华和奢侈等。

除了个人所积累的储蓄之外，在类似英国和美国的现代工业社会中，也存在社会层面上的大量被累积起来的收入，其数量占总储蓄量的1/3到2/3。这类储蓄一般是由中央和地方政府、社会组织和企业公司建立起来的，它的主要动机在很大程度上类似，但并不等同于个人。政府等组织建立这样的储蓄动机主要有以下四个：

1. 进取动机——为了积累资源以便能够进行更多的资本投资而又不需要承担债务或在资本市场上融资；

▶ 成长中的婴儿

几乎在所有的文化中，对于下一代的抚育和教育，都是促使人们进行储蓄的一个重要动机。

2. 流动性动机——取得流动性资产，以应付可能出现的紧急状况和经济萧条；

3. 改善动机——取得逐年增加的收入，额外还可以使组织的管理者们免受来自社会各界的非议，因为由积累而带来的收入不能够与由效率而带来的收入相区分；

4. 财务上的谨慎动机及处于“正确地位”的迫切愿望使储备基金超过使用者成本与补充成本，以便能在资本设备被损耗殆尽和折旧到不堪使用的期限前（而不是后），能够清偿债务和收回成本。资本设备的数量和特点及技术变革的速度越快，这样的动机就越强烈。

对应这些促使人们把一部分收入储存起来而不用于消费的动机，实际上也存在使消费超过收入的动机。我在上面列出的导致储蓄增加的动机，本身就意味着在一段时期之后，人们的储蓄也会减少。例如，用储蓄来提供家庭所需要的开支或养老之需，用借款来支付失业救济金可以被作为负储蓄的良好例证。

以上这些动机存在的强弱与否，在很大程度上取决于经济社会的体系和组织，取决于种族、教育、宗教和社会风气所形成的消费习惯；取决于当前的希望和过去的经验；取决于资本设备的规模和技术，以及取决于当期的财富分配和已经形成的生活水平。

在本书的论述中，除了偶然脱离主题之处的讨论外，我们并不关心社会改变的长远后果，也不关心长期发展的缓慢作用。也就是说，我们将把形成储蓄和消费的主观因素的一般背景当作固定存在的事实。由于财富的分配取决于大致为永久性的社会结构，也可以被认为是在长期中缓慢变动的因素，因而，在本书所涉及的范围内，可以被认为是固定的，在研究其他经济问题的时候，也就无须再另行讨论了。

论述利息率与储蓄

根据以上的论述，如果想要改变消费倾向的主观的和社会的动机，一般来说需要经过较长的时间，而利息率和其他客观因素的变动的短期影响又往往居

▶ 储蓄与利息

储蓄是利息产生的基础，而利息在一定程度上又会反作用于储蓄，利息率的上升与下降，必然会导致储蓄量和投资量的变化。

于次要地位，因此，我们得出的结论只能是：消费的改变主要取决于收入（以工资单位计量）的多少，而不取决于在既定收入下消费倾向的改变。

虽然如此，我也必须要作出进一步的说明，以避免引起读者误解。我上面表述的意思是：利息率有限的改变对消费倾向的影响通常是非常微弱的。这并非说利息率的改变对实际储蓄量和消费量仅仅具有很小的影响，事实恰恰相反，利息率的改变对实际储蓄量的影响是非常重要的，但其影响的方向与通常所设想的相反，因此才造成了这种结果。

这种相反的原因在于：虽然高利息率所带来的较多的预期收入具有降低消费倾向的作用，但可以肯定的是，利息率增加的作用会减少实际的储蓄量。因为，总储蓄受到总投资的控制，而利息率的增加（除非被相应的投资需求曲线的变动所抵消）会减少投资。所以，利息率增加的作用必然是把收入降到一个较低的水平，在这个水平上，储蓄会减少到与投资相等的程度。由于收入的下降在绝对数量上会大于投资的下降，所以，当利息率增加时，消费量会减少。这并非说利息率的增加使储蓄增加，恰恰相反，储蓄和消费者都要减少。

因此我们可以看到，即使利息率的增加会使社会把既定收入的较大部分用于储蓄，我们仍然可以肯定地说，利息率的增加（假设不存在有利于投资的需求曲线的移动）会减少现实中的总储蓄量。类似的论证方法甚至可以让我们确信，在其他条件都相同的前提下，利息率的增加会使收入降低多少，因为收入的降低数量所造成的储蓄的减少正好等于增加的利息率在当期资本边际效率下所造成的投资的减少。关于这一方面的详细论述将是我们下一章要表述的内容。

只有在收入不变的条件下，利息率的增加才有可能促使我们进行更多的储蓄。但是，如果较高的利息率让投资变得索然无味，我们的收入就不会也不可能保持不变。我们的收入必须下降，从而会削弱进行储蓄的能力。储蓄能力的减少足以抵消较高的利息率所导致的储蓄积极性。所以说，我们越是有节俭的美德，我们的国家和个人的财务就越是坚持稳健原则，那么，当利息率作出相对于资本边际资本效率的上调时，我们的收入下降得就越多。对此持顽固不化的态度只能带来惩罚，不会带来利益，因为上述结果是必然的。

▶ 威尼斯商人

在中世纪的欧洲，商人们因为追求资本的利息，而往往被视为贪婪者。

这样就可以得出结论，实际的总储蓄量和总消费量并不是由谨慎、远见、筹划、改善、独立、进取、骄傲和贪婪等动机决定的。美德和罪恶对于它们也不起任何作用。在给定的资本边际效率的情况下，一切取决于利息率有利于投资的程度。当然，事情并非完全如此，上面的说法多少有些夸大其词。如果利息率能被控制在继续维持充分就业的程度，节俭的美德就仍然会恢复它的影响——资本积累的速度还是要取决于消费倾向。由此可见，古典经济学者之所以提倡节俭的美德，其原因还是在于他们在潜意识里作出的假设条件：利息率总是被控制在能维持充分就业的水平。

第三节
边际消费倾向及乘数

在最开始的章节，我们就已经确立就业量只能随投资的增加而增加的结论，现在我们可以沿着这个结论再前进一步进行讨论。在既定的条件下，收入和投资之间能够存在一个确定的比例，我们将它称为“乘数”。如果我们将一些条件作简化，就可以在总就业量和直接被用于投资的就业量（我们将其称为初期就业量）之间建立一个也可称为乘数的确定的比例。

这个更加深入的讨论是我整个就业理论中至关重要的一个组成部分，因为它可以在给定的消费倾向下，在总就业量、总收入量和总投资量之间建立起一个精确的关系。

乘数这个概念首次出现在经济学领域，是出在 R.F. 卡恩先生的论文《国内投资与失业的关系》中。在这篇论文里面，卡恩的论点有这样一个基本的前提：如果把各种假设情况下的（以及其他一些条件）消费倾向作为一个既定的量，如果国家的货币管理机构或其他公共事业机构采取措施刺激或阻挠投资，那么就业量的变化就是投资量净变化的函数。这篇论文的目的是建立一个普遍性原理，用来估算净投资的增量和由此导致的总就业量的增量之间的数量关系。因此，在论述乘数以前，我们有必要先介绍边际消费倾向这个概念。

论述边际消费倾向

我们所讨论的实际收入的波动，是将不同的就业量（也就是不同数量的劳动者单位）应用于一个给定的资本设备中，从而使实际工资随着被使用的劳动者单位数量的波动而波动。

就像我们通常假设的那样，当给定资本设备的劳动者单位的数量增加时，单位劳动者的报酬便会递减，用工资单位计量的收入增加的比例则会大于就业量增加的比例，而就业量增加的比例又会大于用产品计算的实际收入增加的比例。然而，用产品计量的实际收入和用工资单位计量的收入会一起波动（在短期内，资本设备几乎没有变化）。由于用产品计量的实际收入无法用精确的数量计算，所以用工资单位计算的收入 Y_w 往往被当作实际收入波动的现实的指标。在某些情况下，我们需要格外重视这个事实：一般来说，Y_w 的增减比例大于收入的增减比例。但是，在另外一些情况下，它们总是同时波动的，因而它们几乎可以相互替代。

一般人的普遍心理规律是：当社会的实际收入产生波动时，社会的消费也将进行相应的波动，但后者的波动速率不会像前者那么快。所以，这条心理规律能被改写成——并不一定绝对准确的，而是在某些限制条件下，这些限制条件又是显而易见的，并且很容易以完整的形式加以说明——这样一个命题，即

ΔC_w 和 ΔY_w 的符号相同，但 $\Delta Y_w > \Delta C_w$。

在这两个公式中，ΔC_w 是用工资单位计量的消费量。这不过是重复我们在之前已经确立的命题，我们将 $\frac{dC_w}{dY_w}$ 称为边际消费倾向。

这个变量是相当重要的，因为它可以告诉我们，预期产量的增量将如何在消费和投资之间进行分割。由于 $\Delta Y_w = \Delta C_w + \Delta I_w$，这里 ΔC_w 和 ΔI_w 分别是消费增量和投资的增量，所以我们可以得到 $\Delta Y_w = k\Delta I_w$，在这里 $1 - \frac{1}{k}$ 等于边际消费倾向。

上面这个公式里面，我们将 k 称为投资乘数。这个公式告诉我们：当总投资增加时，收入的增加量等于 k 乘以投资的增加量。

论消费乘数

卡恩先生的乘数和我们的有略微的不同，因为他的乘数衡量的是投资品行业的初期就业量增量与因此而引发的总就业量的增量之间的比例。也就是说，如果投资增量 ΔI_w 所引发的投资品行业的初期就业量为 ΔN_2，那么，总就业量增量 $\Delta N = k'\Delta N_2$。我们称 k' 为就业乘数。

一般来说，我们没有理由认为 k 和 k' 是同一事物，因为我们没有必要假设不同行业的总供给函数的有关部分都具有以下共同的特征：需求的增加量和因此引起的就业量增加量的比例在各个行业都是相同的①。实际上，很容易想出这

① 更确切地说，假设e和e'分别代表全部行业的就业弹性和投资品行业的就业弹性，N和 N_2 分别代表全体行业雇用的人数和投资品行业雇用的人数，即 $\Delta Y_w = \frac{Y_w}{e_e N} \Delta 1N$ 和 $\Delta I_w = \frac{I_w}{e'_e N_2} \Delta 1N_2$，所以 $\Delta N = \frac{e_e}{e'_e} \cdot \frac{I_w}{N_2} \cdot \frac{N}{Y_W} k \cdot \Delta N_2$，即 $k' = \frac{I_w}{e'_e N_2} \cdot \frac{e_e N}{T_w} k$。然而，如果没有理由认为所有行业的总供给函数和投资品行业的总供给函数会具有显著的不同之处，从而，$\frac{I_w}{e'_e N_2} = \frac{Y_w}{e_e N}$，那么由此可以得到 $\frac{\Delta Y_w}{\Delta N} = \frac{\Delta I_w}{\Delta N_2}$，因此 $k = k'$。

种比例不相同的情况。

例如，当边际消费倾向和平均消费倾向有较大的差异时，那么$\frac{\Delta Y_w}{\Delta N_w}$和$\frac{\Delta I_w}{\Delta N_2}$便有可能具有某种差异，因为消费品需求变动的比例和投资品需求变动的比例会有很大的不同。如果我们把这两类行业各自的总供给函数有关部分的形状可能具有的差异考虑在内，那么把下面的论述改写成一般化的形式就不会有什么困难。但是，为了明晰这其中所包含的内涵，我们还是要采取简单化的形式，即 $k = k'$。

我们便可以推断出来，如果社会的消费心理处于这样的状态：如果人们愿意将其收入增量的 9/10① 都消费掉，那么乘数 k 的数值就是 10。而在不减少其他投资项目的前提下，若增加公共工程所引发的总就业量便为公共工程所提供的初期就业量的 10 倍。即使在就业量和实际收入增长时，如果社会的消费量仍保持不变，那么就业量的增加就被限制为公共工程本身所提供的初期就业量。

另外，如果社会愿意消费掉任何收入的全部增量，则经济不会保持在一个稳定的状态，社会价格将无限制地上升。在心理状态正常的情况下，只有在就业量增加的同时，消费倾向也发生变化——例如，在战争中，支持节制个人消费的宣传的结果。只有在这种情况下，投资品行业就业量的增加才会导致消费品行业减少其就业量的不利影响。

我下面的论述，是对一些显而易见的理论的概括：

除非公众有增加他们用工资单位计算的储蓄量的意愿，否则就不可能增加用工资单位计算的投资量。通常来说，除非以工资单位计算的总收入有所增加，否则公众是不会有兴趣增加储蓄的。这样一来，公众消费其一部分收入增量的努力便会刺激产量，直到收入（和所分配）的新水平所提供的储蓄额的增量足够等于投资增量。乘数告诉我们，公众的就业量应该增加到怎样的状态才能使他们的实际收入的增加大到足以诱使公众进行必要的额外储蓄，而且使乘数成为公众心理倾向的一个函数②。如果储蓄是药丸，消费是果酱，那么果酱的多少

① 我们的数量都用工资单位计量。

② 虽然在更一般化的情形，乘数也分别是生产投资品和消费品行业的生产物质条件的函数。

必须与额外药丸的大小成比例。除非公众的心理倾向和我们所设想的不同，否则我们可以建立一条规律：投资品行业增加的就业量必然会刺激生产消费品的行业，从而导致总就业量的增加，它是投资品行业本身所要求的初期就业量的一个乘数。

那么根据上文作出推测，在边际消费倾向的数值接近1时，即便再小的投资量的波动，也会让就业量产生巨大的波动。同时，较少的投资量增加便可以导致充分就业。

另外，如果边际消费倾向的数值接近于0，那么微小的投资量波动给就业量带来的波动也必然是微小的。与此同时，充分就业也要求投资量的巨大增加才能实现。

在前一种情形中，非自愿失业会成为易于解决的问题，虽然听任它发展下去将会造成问题；在后一种情形中，就业量的变化可能较小，但却可能保持在一个相对较低的水平，并且除非采取较为激进的手段，否则这一低水平将一直被保持下去。

在现实的经济生活中，边际消费倾向似乎总是介于这两极之间，虽然它接近于1而不是接近于0。在一定意义上，我们可以说，两个最坏的情况都是存在的。即就业量相当大的波动，同时为了达到充分就业而要求投资量有很大的增加，大到难以实现。不幸的是，就业量的波动使经济问题的性质不能一望而知，而其严重性却大到除非理解问题的性质否则就无法加以解决的地步。

在达到充分就业之后，无论边际消费倾向的数值是多少，任何想要让投资量进一步增加的企图，都必然会导致价格无限上升的趋势，也会将我们带到一个真正通货膨胀的境地。然而，在达到这个境地之前，上升的价格与实际总收入的增加是相伴随的。

论述影响就业乘数的社会因素

以上我们论述的是投资的净增加量。如果我们想要把上面的内容无条件地应用在增加公共工程的作用上面，我们就必须假设那些其他方面的具有抵消作用的投资量的减少是不存在的，以及不存在同时改变其取值的社会消费倾向。

卡恩在我们上面引用的那篇文章中对应地把那一些可能是重要的抵消作用考虑在内作出了重要的研究，对它们作出了数量上的估计，因为在现实当中，除了已知类型的投资的具体增加额外，还存在能影响最终结果的其他因素。

例如，政府在公共工程上雇用了10万名额外劳动者，假设乘数为4，那么，理想中的总就业量就会增加40万人，这其实是不可靠的，因为在该项公共工程中实行的新政策可能对其他方面的投资产生不利影响。

依据卡恩先生的论述，下列这些因素似乎是一个现代社会里最重要的而不容忽视的因素，对于这些因素中前两点的理解，读者很可能需要等到第三篇之后才能真正做到。这些因素分别是：

1. 除非货币管理者采取措施加以修正，否则，对公共工程的金融支持及由于就业量增加和价格上涨所造成的周转现金的增加，必然会导致利息率的上升，进而妨碍到其他方面的投资。与此同时，资本品成本的增加，又会减少私人投资者的资本边际效率，也要求以利息率的实际下降来抵消。

2. 由于社会往往会有一些比较混乱的心理状态，政府的公共工程项目通过它对“信心”的影响，可以增加资本的流动性偏好，或者减少资本边际效率。对此，如果不采取措施予以抵消，那么它们也会妨碍其他方面的投资。

3. 在一个对外贸易相对开放的经济制度中，增加投资乘数的一部分作用会被用来提高外国的就业量，因为一部分消费增量会减少我们自己国家的贸易顺差；从而，如果我们所考虑的仅仅是国内的，而不是整个世界的就业量，那么，我们必须降低计算出的乘数的数值。另外，通过乘数作用在外国所引起的经济活动的增加对我们的国家会产生有利的反响，

▶ 田纳西水利工程

在20世纪30年代的大萧条当中，美国政府曾经动用政府资源，雇用社会劳动力兴建各种工程，从而有效地控制失业率的增长。

收回一部分外溢的利益。

进一步来讲，如果我们所讨论的是投资量较大的波动，我们就必须计入随着数量变动而发生的边际消费倾向的变动，从而也必须计入乘数的变动。边际消费倾向并不是在一切就业量水平上都保持不变，而且一般来说，当就业量增加时，边际消费倾向趋于减少，即当实际收入增加时，社会愿意逐渐减少收入用于消费的比例。

除了上面所讲到的一般原则的作用之外，这里还有一些其他因素可能导致边际消费倾向的改变，从而改变乘数的取值。

一般来说，这些其他因素似乎很可能只会加强而不是削弱上述一般原则的作用，具体原因是：首先，受短期收益递减的作用，就业量的增加趋向于增加雇主所能分摊到的总收入的比例，而雇主的边际消费倾向很可能小于整个社会的平均值。其次，在某些私人和公共事业中，失业很可能会导致负储蓄，因为失业者首先是依靠自己或亲友的储蓄来维持自己的生活，这样做的结果是：失业者的再就业会逐渐减少这些特殊的负储蓄，从而会减少边际消费倾向。而在没有上述失业者再就业的情况下，即使国民收入增加的数量相同，边际消费倾向减少的速度也会变得较为缓慢。

无论什么情况，当投资的净增加数量较小时，其乘数值都要大于投资净增加数量较大时的乘数值，所以当我们所考虑的情况是当投资有相当大的变动时，我们应该使用根据考虑范围内的平均消费倾向而计算出的乘数的平均值。

卡恩曾经探讨过类似因素在某些假象的特例中对乘数的数值可能造成的影响。但很显然，他没有得出一般性的结论。例如，我们所能说的不过是对一个典型的现代社会来说，它所消费掉的其收入增量很可能要远小于 80%。如果这个社会采取的是一个封闭的经济制度，而它对失业者的补助来源于向其他消费者征收的款项，那么在计入各种抵消因素之后，它的乘数不会远小于 5。然而，在一个进口消费品占有其 20% 的消费量的国家，如果它的失业者补助来源于贷款或类似的方式，如果补助的数额接近于失业者在就业时正常消费量的 50%，那么，乘数的数值可以降低到 2 或 3。这样，在一个对外贸易额占有很大比重、而失业补助在很大程度上又来源于借贷的国家中（如 1931 年的英国），投资的变动所导致的就业量的比重要远小于上述因素影响较小的国家（如 1932 年的美国）。

尽管如此，我们还是需要依据乘数的一般原理，对为什么占有国民收入比重相对较小的投资的变动会造成总就业量和收入的变动，且变动的幅度远远超过投资本身变动的幅度，作出一个合理的解释。

论述未知增产对就业的影响

截至这里，我们的论述基于一个前提条件，那就是：我们可以预料到未来相当长一段时间的总投资的变动，所以消费品行业和资本品行业同时增加产量，从而使消费品价格除了受增产所引起的收益递减的影响外，不会受到其他因素的干扰。

不过，这里我们需要讨论的，却是完全没有被预料到的投资品行业产量增加的情况。这种影响因素的变动显然只能在一段时期以后才会对就业量发生它的全部作用。我发现，在讨论这一明显的事实时，往往会让人对两种事物发生混淆。一种是合乎逻辑推理的乘数理论本身，它并不存在断点，在任何连续的时间点上都是成立的。另一种是资本品行业扩展的后果，它具有时间滞后的特点，从而在一段时间以后才能逐渐发生作用。

这两种事物间的关系可以通过下列各点加以澄清：第一，没有被预料到的和没有被完全预料到的资本品行业的扩展并不会对总投资量产生立即的、全部的影响，反而会让投资量逐渐增加；第二，它可以使边际消费倾向暂时脱离其正常值，然后再逐渐回归到正常值。

可以看到的是，资本品行业的扩展在一段时间中会造成一连串的数值，这些数值反映的是发生在一连串时期中，一系列总投资增量和边际消费倾向。这些数值不同于在投资品行业的扩展能被预料到时所应该有的数值，也不同于整个社会已经习惯于新的总投资水平时所应该有的数值。但在每一个上面提到的一连串的时期中，乘数理论仍能够在下列意义上成立，即总需求增量等于总投资增量乘以边际消费倾向所决定的乘数。

为了进一步澄清上面两种事物间的关系，我们来看一个稍微有些极端的情况。资本品行业就业的扩大和预料之中有极大的偏差，以至于在第一个时期内，消费品行业的产量没有任何增加。在这种情况下，那些新近在资本品行业中获得就业的人们，他们消费掉其一部分收入的行为便会抬高消费品价格，这样的状况会一直持续到需求和供给得到暂时的均衡时为止。

▶ **次贷危机中的市场**

资本总是趋向于最好的利润，因此必然导致整个市场的盲目性，这种盲目性会给资本市场带来严重的危害，从而导致经济不定期的波动。

之所以能够达到这种暂时的均衡，一部分原因是较高的价格限制了一部分人的消费；另一部分原因则在于较高的价格带来了较高的利润，这使收入的再分配有利于储蓄更多的阶层，当然，较高的价格造成存货的减少也是一个额外的原因。

如果我们讲均衡的恢复是由于消费的限制，那么边际消费倾向的数值和乘数本身的数值也必然会暂时下降。而如果我们讲均衡的恢复是由于存货的减少，那么总投资的增加势必暂时小于投资品行业投资的增加——也就是说，在计算乘数的影响时，被乘数值的增量小于投资品行业的投资增量。但是随着时间的流逝，消费品行业会进行调整，使它能够适应新的需求，这样被限制的消费又会重新得到开放，边际消费倾向会暂时上升到高于正常的水平，以弥补它过去下降到低于正常水平的缺口，从而使它长久的趋势保持在正常水平。

与此同时，把存货恢复到减少以前的原有数量，也会让总投资的增量暂时大于资本品行业投资的增量（与较大的产量相适应的周转资金的增量也暂时具有相同的作用）。

在某些情况下，我们必须重视这一点，即预料不到的改变必须在经过一段时间之后才能发挥出它对就业量的全部影响，尤其是在经济周期分析中更是如此（就像我在《货币论》中持有的逻辑那样）。

不过，影响的延宕性并不会影响到本章所建立的乘数理论，也不会使乘数失效，以至于不能被用来表述资本品行业的扩展对就业所带来的全部有利的影响。此外，除非消费品行业的生产几乎已经达到生产能力的极限，从而使增添厂房设备成为进一步扩大产量的前提，而不是仅仅让使用现有的厂房设备发挥更大的作用，那么我们就有理由认为，在经历了一个短暂的时期之后，消费品行业的就业量就会和投资品行业的就业量同时增加，而乘数则大致会按照它的正常数值发挥作用。

在上文中我们已经看到，边际消费倾向越大，乘数就越大，对应既定的投资变动量、就业量受到的影响就越大，把这些综合起来，我们就可能得出一个令人困惑的结论：一个储蓄仅占其收入微小部分的贫穷社会却比储蓄占其收入较大比例，从而乘数的数值较小的富裕社会，更容易面对严重的经济波动。

需要指出的是，这个结论混淆了边际消费倾向的影响和平均消费倾向的影响，因为，虽然对一定的投资变动比例，高数值的边际消费倾向会引起较大的成比例的影响，但如果平均消费倾向也是高数值的，它在绝对量上的影响则还是较为微小的。关于这一点，我们可以看下面这个例子：

假设一个社会的消费倾向是：这个社会的充分就业是雇用1000万人，而只要该社会的实际收入不超过在现有资本设备条件下雇用500万人所能提供的生产量，那么它便消费掉其全部收入，对于进一步增加雇用的10万人的产量，它消费掉其中的99%；对于再进一步增加雇用的10万人的产量，消费掉其中的98%；对于第三次增加雇用的10万人，它消费掉97%；依此类推下去。

▶ 忙碌的人群

工作就意味着忙碌，而整个社会的繁荣，也是建立在大部分就业、大部分忙碌的基础之上。

根据这些假设条件，当5000000 + n × 100000人被雇用时，此时乘数的数值为$\frac{100}{n}$，而投资占国民收入的百分比为$\frac{n(n+1)}{2\cdot(50+n)}$。

这样计算的话，在雇用人数是520万人时，乘数就是50。但投资只占同期国民收入的很小部分，是0.06%。结果是：如果投资下降一个很大的比例，如大约为2/3，而就业量将只下降到510万人，即只下降约2%。另外，当雇用900万人时，边际乘数就比较小，即为2.5，但当下的投资占当期收入的一个相当大的比例，即为9%；结果，如果投资下降2/3，就业量就会下降到690万人，即下降23%。在极端情形下，当投资下降到0时，就业量在前一种情况下，就业量将下降约4%；在后一种情况下，就业量将下降44%[①]。

论述公共工程和就业率

在上面的例子中，造成一个社会相对贫穷的原因就是就业不足。但如果就业不足只是因为缺乏工作技巧、劳动技术和资本设备，那么我们的论证只需略加修改就可以了，上面所说的投资可以提高收入的道理也可适用了。由此可见，虽然贫穷社会的乘数较大，但在富裕社会，如果其当期投资在现行产量中占有较大的比例[②]，投资量的波动对就业量的影响则比较大。

从上面的例子中，我们还可以看到：在公共工程中，当一个既定人数的就业量（按照例子中给定的那样）存在严重的失业时，对总就业量产生的影响，将会比以后接近充分就业时产生的影响还要大。

---

① 上面，投资的数量是用生产资本品雇用的人数计量的。因此，当就业量增加时，如果每单位就业者的报酬递减，那么，以上述尺度为基础的投资量的加倍将少于按实物尺度（如果可能的话）为基础的投资量的加倍。

② 更一般地说，$\frac{\Delta Y}{Y}/\frac{\Delta I}{I}=\frac{\Delta Y}{Y}\cdot\frac{Y-C}{\Delta Y-\Delta C}=\frac{1-\frac{C}{Y}}{1-\frac{dC}{dY}}$是总需求量变动的比例和投资量变动的比例之比，随着财富的增加，$\frac{dC}{dY}$会减少，但$\frac{C}{Y}$也会减少。由此可见，式中的分数值的增加或减少，取决于消费增减的比例是小于还是大于收入增减的比例。

在上面的例子中，当我们把就业量降到520万人时，在公共工程中又额外增加了10个工作岗位，于是总就业量就上升到640万人。但如果额外的10个工作岗位是在就业量已经为900万人时被雇用于公共工程的，则总就业量只会上升到920万人。因此，即使这项公共工程的效用尚不明确，但只要我们假设当失业量较大时，储蓄在收入中所占比重较小，那么仅从节约社会救济资金的代价这个角度考虑，推行公共工程项目仍然不失为一种好的选择。

但是，在一个社会接近充分就业时，这些公共工程项目是否应该推行下去就值得争论了。此外，如果我们所假设的边际消费倾向随着就业量的增加而递减的条件是正确的，那么，要想通过增加持续投资来增加既定量的就业就会越来越困难。

根据不同时期的总收入和总投资的统计数字（如果它们存在的话），来绘制一张说明在经济周期不同阶段的边际消费倾向的数值的表格，应该不是一件困难的事。

然而当前，我们的统计数据并未精确到足以（或者按照我们的这一要求收集到足够的数据）使我们得出比粗略的估算更精确一些的结果。据我所知，就我们的目的而言，最精确的统计数据是库兹涅兹为美国所计算的数字，尽管这些数字离绝对的精确还差很远。

抛开这些不精确的地方不谈，从库兹涅兹的包括国民收入在内的估计数字中所得到的投资乘数比我期望的数值要低，也比我期望的数值要平稳。如果我们单独看一个年份，那么它数据的变动会大到不合情理的地步，但如果把两年的数据编成一组，那么由此得到的乘数数值似乎总是小于3，并且很可能稳定在2.5左右。

这就说明，边际消费倾向不超过60%到70%——该数值在繁荣时期可能出现，但按照我的判断，在经济萧条时期，该数值常低得令人难以置信。尽管如此，美国公司一贯非常保守的理财方式也有可能造成这一后果。换句话说，在由于没有对资本设备进行维修和更换而导致投资大幅度下降的情况下，如果仍然在财务计算中扣除维修和更新的储备基金，那么，其后果就是会降低应有的边际消费倾向的数值。我猜测，这一因素很可能是加重美国近期以来经济萧条的一个重要因素。另外，统计数据也可能夸大了投资的下降程度，学界普遍认为，和1929年相比，1932年的投资的下降多于75%，而净“资本形成”的下降则多于95%——这些估计数字的轻微的变动就可以对乘数的数值造成相当大的差异。

论述失业和社会财富

在一个存在自愿失业的社会中，劳动的边际负效用必然小于劳动的边际产品，甚至远远小于后者。对于一个长期处于失业状态的人来说，一定程度的劳动不但不会引起负效用，反而可以具有正效用。如果接受这一点，那么，上面所论述的道理便可以说明为什么“浪费式的”举债支出①在得失相抵后还可以增加社会的财富。受古典学派经济学家的严重影响的政治家们，往往想不出什么办法来增加社会财富，那么根据古典学派的理论，造金字塔、地震甚至战争也可以起到增加财富的作用。

▶ 开采中的金矿

一个新的金矿的发现和开采，往往会导致社会财富的迅速增加，而当一个金矿枯竭的时候，社会财富数量就维持不变或下降。

荒谬的是，为了摆脱古典经济学说导致的荒谬结论，普通的常识是往往偏向于采用全部“浪费式的”举债支出的形式，而不是部分浪费式的形式，其原因在于：正是因为部分浪费的形式并不是完全浪费的，所以，是否采用它应该按照严格的“企业经

① 为方便起见，“举债支出”这一名词往往既包括以借贷的方式从私人那里筹集资金的公共投资，也包括从同一来源取得资金的其他公共开支。严格来说，后者应被看作负储蓄。然而，这种类型的官方行动并不会受到像私人储蓄那样的心理上的动机的影响。因此，“举债支出”是一个方便的名词，表示政府当局在一切项目上的借款净额，无论借款是用于资本账目的事项，还是用于补偿预算赤字。“举债支出”的一种形式是用于增加投资，而另一种形式则用于增加消费倾向。

营”的原则加以判断。

例如，用借款来筹措资金进行的失业救济要比用借款来筹措资金进行效益小于当期利息率的设备改良更容易被人们所接受。与此同时，开采金矿则不但不能增加世界上真正的财富，反而会引起劳动的负效用，但它却是所有解决办法中最容易被采纳的一个。

如果财政部门往瓶子里面塞满钞票，然后把塞满钞票的瓶子放在已开采的矿井中，再用垃圾把矿井填平，然后听任私人企业依据自由放任的原则把钞票再挖出来（当然，要通过投标来取得在填平的钞票区开采的权利），那么失业问题就不会存在，而且在更深一步的影响下，社会的实际收入和资本财富很可能要比现在多出很多。诚然，建造房屋或类似的东西是更有意义的办法，但这样做往往会遇到政治和实际上的困难，那么，上面提到的有些荒谬的挖洞总比什么都不做要好。

看似有些荒谬的挖洞和现实世界中的开采金矿是完全相似的。经验表明，当适宜开采的金矿很多时，世界的财富就得到了迅速的增加。当适宜开采的金矿很少时，我们的财富数量就维持不变或下降。由此可见，金矿对文明具有极大的价值和重要性。正如战争被政治家们认为是值得为之进行大规模举债的唯一形式一样，开采金矿也被银行家们当作在地下挖洞的唯一借口，银行家们认为它合乎稳健理财的原则，而战争和开采金矿对人类进步都已经发挥了作用——如果没有更好的办法的话。

举一个具体的例子，相对于劳动和原料而言，黄金的价格在萧条时期会不断上升。这种上升有助于经济的复苏，因为黄金价格的上升增加了人们对开采金矿的兴趣并且降低了值得开采的金矿的级别。

假如，我们受限制而不能使用增加就业量又能同时增加有用的财富的办法，那么，开采金矿除了通过增加黄金的供给所可能造成的对利息率的影响之外，还是一个具有高度现实性的投资形式。

这里面的原因有两个：第一，因为开采金矿带有赌博的性质，所以它可以不用过多考虑当期利息率便做下去；第二，作为开采金矿的结果，增加了的黄金储备不会像其他事物那样，会使它的边际效用递减。因为，一栋房屋的价值由它的效用决定，所以，当前房屋的租金会受到新建房屋的削弱，因而除非利

▶ 修复中的金字塔

金字塔本身的作用虽然不是很大，但建造金字塔的过程，却让古埃及获得了巨大的社会效益。

息率以相同的比例下降，否则人们对于建造房屋的热情就会逐渐变小。

但开采金矿的结果不会具有这种不利之处；抑制开采的条件只能是以黄金来衡量的工资单位的上升，而这种条件只可能出现在就业情况大为改善的时候。此外，黄金也不像其他耐用性较小的财富形式那样，具有因必须支付失业者成本和补充成本而带来的负作用。

因为建造金字塔和开采贵金属使古埃及具有了双重的好运，所以历史上古埃及一直拥有的神话般的财富无疑就来源于此。而且，因为这两项行为所造成的财富，不能为人所消费，所以他们不会因为数量的增加而降低效用。中世纪的欧洲曾建造大量的教堂和并大做弥撒。对于死者而言，两座金字塔、两次弥撒带来的好处要双倍于一座金字塔和一次弥撒，但在伦敦和约克之间造两条铁路则不会这样。

由此可见，我们现在如此明智地把自己训练成一个谨慎的金融家，以至于我们在为后代建造建筑物时，都要仔细考虑它给后代所增添的“财务”负担，因此，我们就没有像埃及和中世纪的欧洲那么简单的避免失业问题的办法。

就整个社会而言，我们不得不接受失业的存在，并把失业当作私人的“致富”之道应用于国家事务中所造成的不可避免的结果，而私人的“致富”之道不过是使私人能积累起来大量的财富，大量可以让人随心所欲储藏的财富。

第三章

投资诱导

The General Theory of Employment, Interest and Money

本章主要讨论的内容是投资的构成，以及投资对于国民收入的影响，我们将讨论的重点放在资本边际效率、利息理论、流动性偏好、货币数量等问题上面。

在本章的八个章节中，读者需要着重理解两个基本的理论。第一，是投资的边际效率递减理论，这个理论类似于边际消费倾向递减理论，决定着社会总投资量、社会的投资热情等一系列经济因素，然后通过这些经济因素对整体经济施加影响。第二，是流动性偏好理论，也就是人们在心理上对持有现金存在偏好，这个理论最直接的影响是决定社会货币供应量，间接则可以对社会的货币利息率、社会资本构成等因素造成影响。

第一节
资本的边际效率

资本的边际效率是使预期收益现值之和等于资本品价格的贴现率，它反映了生产者增加投资的预期利润率。资本的边际效率递减意味着生产者增加投资时预期利润率的递减。

投资需求取决于资本边际效率与利率的对比关系。对应于既定的利息率，只有当资本边际效率高于这一利息率时才会有投资。但是，因为资本边际效率在长期来看是递减的，除非利息率足够低，否则会导致经济社会中投资需求的不足。

资本价值与预期收益

我们可以将个人购买投资品或资本资产的行为，看作对未来收益的当前指出，即购买能得到的未来收益权。所谓未来收益，指的是预期在资产的寿命期间出售该资产的产品减去为得到该产品而支出的费用后所得到的收入。我们假设该资产的寿命为 n 年，每年的预期收益或者年收入为 $Q_1, Q_2 \cdots\cdots Q_n$，那么对这一系列的年收入，我们称为预期收益。

与预期收益相对应的是资本资产的供给价格，但资本资产的供给价格并不是资产在市场上的价格，而是促使社会生产出相同资本资产所必须负担的成本，因此有时我们也将它称为重置成本。

根据资本资产的预期收益和重置成本之间的关系，我们可以推导出资本资产增加一个单位的预期收益和该单位的重置成本之间的关系。这种关系就引出

▶ 美联储

作为美国发行钞票的机构，美联储影响着全球资本市场，但从本质上来说，它却是一个私营机构。

了资本边际效率的概念。

这里可以说得更确切一些，我们把资本边际效率视为一种贴现率，根据这种贴现率，在资本资产的寿命期间提供的预期收益的现值能抵消该资本资产的供给价格。这是某一具体种类的资本资产的边际效率，各种不同的资本资产的边际效率的最大值即可被当作一般的资本边际效率。

如果我们拿出一笔钱购买最新生产出的资产，那么资本边际效率便取决于这笔钱的预期收益率。这里所讨论的不是已经过去的历史结果，而是当一项投资的资产寿命终结时，我们在该资产的记录中看到的该资产在原始成本基础上的收益。

一个确定的事实是，增加在任何一种资产上的投资，该资本的边际效率都会随着投资额的增加而递减。造成这种递减的一部分原因在于，当一种资产的供给量上升时，人们对它的预期收益便会下降；另一部分原因在于，这种资产的增加通常会使制造该种资产的设备发生损耗，从而提高它的供给价格。

在这两种原因中，第二种往往会在较短时间内对形成均衡状态具有更大的重要性。但时间越长，第一种因素就变得越来越重要。由此可见，我们可以对每一种资产建立一张表格或曲线，以表明要想使资本边际效率等于某一个给定数值，同期所需要增加的投资数量。然后，我们把各种资产的表格或曲线加总在一起，得到一张汇总表格或曲线，用来说明总投资量与总投资量所造成的、并与之对应的资本边际效率之间的关系。这个表格或曲线我们可以称为投资需求表或曲线，或者把它称作资本边际效率表或曲线。

显而易见的是，实际投资量会增加到没有任何种类资产的资本边际效率会大于当期利息率的地步。换句话说，投资量会增加到投资曲线上的一点，在这一点上，一般的资本边际效率等于当期市场利息率[①]。

上面的结果也可以用另一种方式表述。如果我们将一件资产在时间为 r 时的未来收益设定为 Q_r，d_r 为第 r 年时 1 英镑按照当期利息率折算的现值，则$\sum Q_r d_r$ 就是投资的需求价格，投资将达到这样一点，在这一点上，$\sum Q_r d_r$ 等于我们上面所定义的投资的供给价格。另外，如果$\sum Q_r d_r$ 下降到低于供给价格，就不会有我们所讨论的这类资产的当期投资。

根据上面的论述，投资需求表格或曲线和利息率共同决定着资本持有者的投资倾向。虽然只有在本章结束时，我们才有可能根据其实际上的复杂性质对决定投资量的各种因素进行全面的考察，但有一点是我现在就要求读者注意的，那就是：一件资产的预期收益数据或者该资产的资本边际效率的数据既不能帮助我们推算出利息率，也不能帮助我们推算出该资产的现值。我们必须从其他一些来源确定利息率，只有做到这一点之后，我们才能通过资产的预期收益的"资本化"来决定一件资产的价值。

和资本边际效率有关的传统名词

那么，我们上面讲过的资本边际效率的定义与通常使用的类似名词有怎样的联系呢？我们经常使用的名词有：资本的边际生产效率、资本的边际收益、资本的边际效率、资本的边际效用。但是，我们很难在经济学文献中找到有关的经济学家们在使用这些术语时所试图表达的确切意思。

这里，至少有三个模糊不清的地方需要我们予以澄清。首先，我们要搞清楚，这些名词要表达的是单位时间内因为一个物质单位资本的增加所引起的物质产品的增量，还是由于增加一个价值单位的资本所引起的价值产品的增量。这两者中，前者的难度在于要对物质资本的单位加以规定，而我认为，这种困难是无法解决的，同时也是不必解决的。当然，人们可以说在既定量的土地上，

---

① 为了让论述更简单，我有意地忽略了我们所涉及的是对应于不同时间长度的一系列利息率和贴现率，而只有在时期终了后，资产的各种未来收益才能得以实现，但将这一点包括在内的论证予以论述并不困难。

如果 10 个劳动者能使用更多的机器，他们就可以生产出更多的粮食。但如果不引入价值单位，我们就没有办法把这句话的内容转换成人们所能理解的数字比例。尽管如此，有关这一主题的许多论述似乎还是主要关注在某种意义上的资本的物质生产率，虽然论述者并没有明确地对此加以论述。

其次，我们还要搞清楚资本边际效率究竟是一个绝对数量还是一个比例量的问题。从我们使用资本边际效率的语言环境来看，人们通常会把这个名词放在和利息率一样的纬度，这么看来，资本边际效率似乎应该是一个比例量。然而，构成比例的两项数值究竟代表什么，以前的经济学家并没有进行明确的说明。

▶ 资本

资本是经济活动的基础，其最常见的表现形式是货币，但也包括其他不同的物质资本。

最后，我们还必须区分两个概念，这两个概念的混淆通常会导致经济研究和辩论的混乱。第一个概念是：在当前，使用既定的资本增量所能得到的价值增量。第二个概念是：在增加的资本资产的整个寿命期间预期能得到一系列价值增量。

这两者的区别也就是 Q_1 与整个系列 Q_1, Q_2，…，Q_n 之间的区别。这种区别能够引起预期在经济理论中的地位的全部问题。多数关于资本边际效率问题的讨论，似乎对 Q_1 以外的因素都不过多考虑。然而，除了在所有的 Q 都相等的静态理论之外，不进行考虑的做法当然是不正确的。在通常的分配理论中，资本被假设为现在就得到它的边际生产率（无论边际生产率的意义是什么）作为报酬。这一说法只有在静态中才能够得到实现。

资本的当期收益总和与资本的边际效率没有直接的关系。同时，在生产边际上，资本的当期收益（即产品的供给价格所包含的资本报酬）是它的边际使用者成本，而边际使用者成本与资本边际效率也没有多大关系。

正像我上面说的那样，古典经济学者们对于上面的一切没有作任何说明。

同时我也相信，我在上面对一些名词给出的定义是比较接近马歇尔使用该术语的意义的。马歇尔本人所使用的术语是生产要素的“边际净效率”，或者使用“资本的边际效率”。下面，我引用他的著作《经济学原理》中关于这个问题最有关联的说明的摘要：

一家工厂使用了额外的价值100英镑的设备，却没有发生任何其他的额外支出；而且去除机器本身的损耗之后，该机器每年为该工厂增加价值为3英镑的净产品。假设投资者能把资本优先投入到收益丰厚的行业上，那么在这样做了之后，在达到均衡的状态下，使用这种机器仍然正好像上述情况那样有利可图，那么，我们可以据此推测出年利率为3%。但是，这种例证只表明一部分决定价值的重要因素。它们不能适用于利息理论和工资理论，否则就会犯循环推理的错误……假设无风险证券的年利率为3%，而制帽业吸收了100万英镑的资本，这意味着制帽业能够很好地使用这100万英镑，以致宁愿为了使用这笔资本而支付3%的净年利率，也不愿弃之不用。如果年利率为20%，仍然可能会使用某些机器；如果年利率为10%，将会有更多的机器被使用；如果年利率为6%，那么所用的机器会更多；如果年利率为4%，还会使用更多的机器。最后，如果年利率为3%，该行业使用的机器会进一步增多。最后使用机器的数量，其边际效率——即仅仅值得使用的那个机器的效用——为3%。

上面这些引文清晰地表明，马歇尔完全了解：如果我们试图按照这种方式来决定实际利息率的取值，那么，我们会陷入循环推理之中①。

在这段引文中，马歇尔似乎接受了上面已经提出的观点，即当资本边际效率给定时，利息率会决定未来新的投资量的数值。如果利息率为3%，那么，这意味着没有人会用100英镑来购买一台机器，除非在扣除成本和折旧之后，该机器还能为他的年净产量增加3英镑的收入。但是，我们将在之后的章节看到，马歇尔在他著作中的其他一些段落，并非那么谨慎——虽然当他的论述不能自圆其说时，他便见好就收了。

① 当他认为工资的边际生产率理论同样是循环推论时，他难道没有错吗？

▶ 欧文·费雪

美国经济学家、数学家、经济计量学的先驱者之一。

欧文·费雪教授并没有使用过“资本边际效率”这一术语，但是我们在他的《利息理论》中，仍然可以看出他对所谓“超过成本以外的收益率”作出的定义，该定义也与我的定义相同。

费雪写道：“超过成本之外的收益率是这样一个数据，如果把这个数据用来计算一切成本和一切收益的现值，那么，这两个现值就会相等。”对此，费雪教授作了进一步的说明：

任何方面的投资数量取决于把超过成本之外的收益率和利息率加以比较的结果。要想产生新的投资，“超过成本之外的收益率必须大于利息率”。“这一新的数量在我们对利息理论的有关投资机会方面起着核心的作用。”从这些可以看到，费雪教授使用“超过成本之外的收益率”，在意义和目的上与我对“资本边际效率”的使用完全相同。

未来预期对资本边际效率的影响

资本的边际效率不仅取决于资本的当期收益，还会受资本的未来收益所影响，看不清楚这一点的读者，很容易对资本边际效率的意义和重要性产生混淆。

辨析这一点的最好方法就是指出未来生产成本的预期改变对资本边际效率的影响，无论这种预期的变动是来自劳动成本，也就是工资单位的变动，还是来自新技术的应用。

今天生产出来的机器设备的产出将在机器设备的使用寿命周期中和未来生产出来的机器设备的产出相竞争，而以后生产出来的机器设备，可能由于生产它们的劳动成本较今天有显著的降低，或生产他的技术更加先进，从而导致其生产产品的价格更低。因此，以后生产出来的机器设备的数量将会增加，直到它们的产品价格下降到被允许的较低程度时为止。

此外，如果全部产品都能以较低的成本被生产出来，那么，企业家从旧的和新的机器设备中得到的利润就都会减少。只要这种后果被估计可能出现，今天生产出来的资本品的边际效率便会作出相应的减少。

通过资本边际效率这一因素，预期的货币购买力的改变可以影响当期产量的多少。如果人们预料到货币购买力会下降，他们便会选择投资，从而进一步促进就业，因为这一预期可以提高资本边际效率曲线，即投资的需求曲线，而对货币购买力上升的预期具有抑制作用，因为它会降低资本的边际效率曲线。

以上便是欧文·费雪教授最初称为“增值和利息”理论背后的关键意义所在——“增值和利息”理论区别货币利息率和实际利率，经过货币价值矫正之后，后者将等于前者。

从费雪的教授理论的表述中，我们很难理解它真正的含义，因为它并未明确指出货币购买力的变动是否被假定为可以预见的。这就存在一个难点，即如果没有人预料到货币购买力的变动，那么，这种变动对当期物品便不会产生影响；与此同时，如果货币购买力的变动被预料到了，那么，当期物品的价格会立即被调整到使持有货币和持有物品的收益再度相等，从而利息率也就没有必要为了弥补在借款期内由于货币购买力的变动而给贷款人带来的得益或损失而作出改变了。

庇古教授曾提出过一个权宜之策，但也没能够解决这个难点。庇古教授假设一部分人能够预见货币购买力在未来的改变，而另一部分人则未能预见到这种改变。问题在于，假定货币价值未来的变化直接反作用于利息率，而不是影响既定资本存量的边际效率。当期资产的价格总是不断调整自己以适应货币未来价值预期的变化。这种预期变化的重要性在于：通过它们对资本边际效率的反作用来影响社会生产新资产的积极性。预期价格上升的刺激作用，并不是因为它会提高利息率（用利息率的上升来刺激产量是一种自相矛盾的方法——因为利息率的上升会削弱这种刺激作用），而是因为它能够提高既定资本存量的边际效率。如果利息率随着资本边际效率的提高而相应上升，那么，就预期价格上升就不会有刺激的作用。因为对产量的刺激取决于既定资本存量的边际效率对利息率的相对提高。

所以，费雪教授的理论最好用“实际利息率”这个概念予以重写，将实际利息率定义为：由于货币未来价值预期的变化而导致的需要加以管理的利息率。管理的目的在于使这种预期货币价值的变化不至于对当期产出产生任何影响。

值得注意的是：预期未来利息率的降低，会压低资本边际效率，因为它代表着今天生产出来的机器设备将在该机器设备部分使用寿命期间和愿意获得较低报酬的机器设备的产出进行竞争。但这种预期并不具有很强的抑制作用，因为对不同期限的未来利息率的预期会部分地反映在相应的当下的利息率中。不过抑制作用也还是会有一些的，因为今天生产出来的机器设备的产品会在该机器设备寿命即将终了的时候与比它更新的机器设备生产出来的产品相竞争，而新的机器设备只要求较低的收益，原因在于：在今天生产的机器设备的寿命终了之后的时期，利息率将较低。

一定数量资本品的边际效率取决于预期的改变。读者一定要能够理解这一点，因为资本的边际效率之所以会有剧烈的波动主要是来自这种改变，经济周期性变化往往也可以用这种波动来解释。在下面的章节中，我将说明资本边际效率相对于利息率的波动是怎么被用来解释和分析繁荣与萧条的连续交替发生的。

影响投资的风险

风险影响着投资数量的多少。通常情况下，经济学者对影响投资的两种风险并不加以区分，但我认为区分它们还是非常重要的。

第一种风险是由雇主或贷款者承担，它来自雇主或贷款者对期望的未来收益的可获得性持怀疑态度，如果一个人用自己的金钱进行投资，那么，这种投资失败的风险便是他唯一的风险。

但是，如果这个人是用借款进行投资的，当他对所借的款项提供一定数量的动产或不动产作为抵押时，这就是可以称为贷款者风险的第二种风险。贷款者风险或者是因为道德风险，就是故意赖账或者用合法的手段逃避债务，或者可能是由于担保物的价值不足，即由于期望未能实现而造成的对债务的非自愿赖账。还可能存在风险的第三种情况，就是因为本位货币贬值而使货币贷款不如持有不动产安全，虽然这种风险的全部或大部分已经被反映在不动产的价格之中了。

第一类风险在一定意义上来说是一种实际的社会成本，虽然这种成本可以通过平均化或提高预期的准确性来降低。然而，第二类风险是对投资成本的一个纯粹增加额，如果借款者和贷款者是同一个人，这种增加额就不会存在。不仅如此，这一增加额还代表一部分雇主的风险，使雇主在计算值得为之进行的投资项目的最低预期收益时，除了在纯粹利息率之上加进他原有的风险额之外，还要再加上这一增加额。

之所以这样做，原因在于：如果一个投资项目具有较高的风险，那么，借款者可能同样要求预期收益与他认为值得为之支付的利息率间有一个较大的差额。与此同时，同样的原因也使贷款者要求在他所索取的利息率和纯粹利息率间具有较大的差额，以诱使他贷款（除非贷款者的实力和富有程度大到使他能够提供更多的担保）。借款者总是希望能有一个有利于自己的结果，这种希望自然可以消除借款者心目中的风险意识，但不会消除借款者心中的风险意识。

▶ 投资与风险

投资必然要伴随一定的风险，而且，所追求的投资回报率越高，其投资行为的风险性也就必然越高。

这里还有一部分风险可能被重复计算，据我所知，这一点从没有被经济学家强调过。但在某些情况下，指出这一点是非常重要的。在繁荣时期，一般对借款者的风险和贷款者的风险比较容易作出轻率的和异乎寻常的低估。

总结

资本边际效率曲线是非常重要的，因为对经济的预期影响当前的经济发展，主要是要通过这个曲线（比通过利息率这个因素的作用大得多）。有些人错误地认为，资本边际效率主要是用资本设备的当期收益来计算，他们的错误在于，这种情况只有在变化中的将来影响现在的静态状态下才会出现，坚持这种错误的人，造成了把今天和明天在理论上割断了联系的后果。即使是利息率，也主要[①]是一个当期现象，如果我们把资本边际效率也转化为当期现象，那么，我们在对当期均衡的分析中，就会割断将来对现在的直接影响。

当前流行的经济理论往往以静态假设为前提，这使经济理论在很大程度上缺乏实践性，变得脱离现实。但在引入上文已经加以定义的使用者成本和资本边际效率之后，我们能够看到经济理论与现实更加贴近了。与此同时，又让理论中可能出现的疏漏降至了最低。

因为机器设备的耐用性，所以经济上的未来和现在能够被联系在一起。因此，对未来的预期会通过耐用的机器设备的需求价格来对现在施加影响，这一说法也符合并反映了我的经济思想的一般原则。

第二节
对资本的长期预期

在上节中，我们论述了资本边际效率、利息率和投资规模三者之间的关系。总结出不同的投资规模，必定会出现与之相对应的资本边际效益值，而资本的边际效率又取决于资本的供给价格和未来收益。那么在本节中，我们要着重解析一下，资本的未来收益都要受到哪些因素的影响。

资本未来收益的预期能否实现，部分取决于当下事实，这部分往往是能够

① 并非完全如此，因为利息率的高低一部分反映了将来的不确定性；再者，不同期限的利息率间的关系取决于预期。

被确定的，但又有部分取决于未来的情况，这部分就需要进行一定的预测了。

对于当下的事实而言，它可以向我们指出：现有各类资本资产的存量、现有资本资产的总量、消费者当下对物品的需求程度以及生产这些物品需要的资本数量。

▶ 牛市

对未来的正面预期，往往能够促使资本市场信心十足，从而创造资本欣欣向荣的牛市。

而对于未来的情况，我们则需要考虑以下的因素：资本资产种类和数量的变动、消费者消费偏好的改变、在投资本使用寿命期间消费需求的改变，以及同一过程中可能出现的以货币计量的工资单位的改变。

未来有别于短期预测，我们可以把包括后者全部内容在内的心理预期状态称为“长期预期状态”。短期预期给雇主带来的指导主要是：用现有的机器设备开始生产，来预计当产品生产出来将能得到多少收益。关于这个问题，我在前面已经有所表述。

预期与信心状态

在我们对未来作预测的时候，对于一个十分不确定[①]的因素，我们是不能够给予其较大的思考权重的。因此，我们有理由认为，对未来的预期，在很大程度上取决于能够给我们以信心的事实，即使这些事实比起其他让我们感到模糊不清和缺乏了解的事实来，与问题的关联程度较小。

基于这个道理，当下的既成事实就不成比例地进入我们长期预期的形成之中。我们通常的行事法则总是：根据当下的情况推导到未来，只有当或多或少

① 我这里所说的“十分不确定”和“十分不可能”不是一个意思。

的有具体的原因可以改变这种预期时，我们才对推导作出修正。

对经济形势长期的预期是我们作决策的基础，它不仅取决于我们可能作出的预测，还取决于我们对预测的信心，取决于评估预测从好转到坏的可能性。如果我们预期经济形势会有很大的变化，但又不确定这些变化将会如何展开，那么我们的信心机会将被削弱。这便是人们的信心状态，它是务实的人密切关注和担心的事情。

但对于信心状态，经济学家们却从没有过认真的分析，即便有些难得一见的分析，也只不过是泛泛而谈。特别是信心状态对资本边际效率表的重大影响，传统的经济学家们几乎没有任何涉及。这里，我之所以这么强调信心状态，是因为它是决定资本边际效率表的主要因素之一，而资本边际效率表和投资需求表又是联系在一起的。

对于检验信心状态，我没有什么更多要说的。我对信心的结论主要取决于对市场的实际观察和经营心理。这就是为什么以下我要讨论的脱离正题的部分，和本书的大部分内容来源于客观实际不同，它只是处于抽象层次。

为了方便论述，在下面有关信心状态的讨论中，我要以利息率不变为前提。所以，在下面的各节中，我们把投资品价值的变化仅仅当作由于投资品的未来收益的预期发生了变化，而不是由于未来收益资本化的利息率的变化。然而，利息率变化的影响可以很容易地附加到信心状态变化的影响中去。

投资预期和股票交易

有一点需要明确的是，那些我们对未来收益作出估计所需要依赖的知识，往往是不可靠的。我们通常缺少对于支配一项投资几年后的收益的知识，而且即便有也不过是一知半解。

我们应该坦率地承认，对于如铁路、铜矿、纺织厂、专利药品的信誉、远洋航线、伦敦城市建筑等投资项目，我们很难获取帮助我们估计它们在 10 年以后的收益的知识，甚至对投资在 5 年以后的收益，我们的评估也是很难做到准确的。事实上，企图认真进行这种评估的人也不会太多，以至于这些人的行为是不足以支配市场的。

以前，当企业的所有权都掌握在它的创业者或者创业者的合伙人手中时，他们的事业动力决定着投资额的多少。他们只是把企业经营作为一种生活方式，而不是真正依赖于对未来利润的精确计算。

▶ 纽约中央铁路公司股票

股票是合伙人制度最突出的表现形式，而在现代的资本市场中，股票则渐渐成为一种投资手段。

虽然企业未来的利润如何，在很大程度上取决于经营者的能力和品质，但这种事情多多少少有些类似于买彩票，有人失败，有人成功。而即便是在成功之后，也不会有人知道成功投资的平均所得，相比当期的利息率是高还是低。虽然，如果我们不考虑市场的开放或垄断，仅以投资的实际平均所得来论，那么即使是在繁荣的经济环境下，创业的利润到底有多少仍是难以捉摸的。

事实上，企业的经营者们更像是在玩弄技能和运气混合的游戏，在一局终了之后，参加者无从知道投资者的平均结果如何。如果人类的本性不受投机的诱惑，也没有从建造工厂、铁路、矿井和农庄中获得乐趣（除了获得利润以外），那么，仅凭冷静的计算，社会投资恐怕是不会增加的。

在传统的私人企业中，投资决策在决定之后是不大可能收回的，无论是社会还是个人都是如此。但今天不同，因为所有权和经营权的分离已经成为普遍的做法，由于有组织的投资市场的发展，一种特别重要的新的因素产生了，它方便了投资，但同时又给经济体系增添了极大的不稳定性。

证券交易所，这个新兴的事物给经济体系带来了极大的变化，在它出现之前，我们对投资进行反复的再评估是没有意义的。但现在，证券交易所几乎每天都要对投资进行大量的评估。这种不间断估价又经常向投资人（虽然不是整个社会）提供修改投资投向的机会。

这就像是一个农民，早饭后根据天气预报，在10~11点决定从农业经营中撤走资本，并重新考虑是否在本周后再回到农业经营中来。

证券交易所每天都会投资进行不间断的评估，这虽然给资本的转移带来了方便，但与此同时，又不可避免地对当期的投资量造成了决定性的影响。如果建造一个新企业的成本大于购买一个同类的现存企业，那么建造新企业就没有意义了。然而，如果有一个投资项目，它看上去要进行巨额投资，但它的股票能在证券交易所卖出去，并且能立即获得回报，那么，这项投资就是有吸引力的①。这样，某些种类的投资与其说是取决于雇主们的真正经营预期，还不如说是取决于由股票价格所显示的那些在证券交易所进行交易的人们的平均预期②。那么，那些具有高度重要性的每天甚至每小时对当期投资的重新估价在实际中是如何进行的呢？

经济形势不变的成规

在现实中，人们普遍墨守一条看起来不那么简单的成规：除非有明确的原因说明预期事态会发生变化，否则，我们便要总假设现存的事物会无限期地继续下去。当然，从现实生活中来看，我们了解这是不可能的，所以这个成规并不意味着我们真正相信现存事物会永远继续下去。但是，我们又不能不遵照这样的成规去做。

因为，对于对一个缺乏信息的人来说，他对未来作出偏高或偏低的预期的概率是相同的，进而可以根据相同的概率，求出一个统计学上的平均预期值，但这种平均值其实什么也说明不了。所以我们只能根据当前的事实来作为出发点，因为当前的市场无论如何，都是唯一正确的事实。我们根据这个正确的事实得到对未来的预测，以数据的形势表现出来，并根据事实的变动而变动。

---

① 在《货币论》中，我曾指出：当一家公司的股票的市场价格很高，以致它能够以优惠条件通过发行更多的股票来筹集更多的资本时，这和用低利息率借入一笔贷款有同样的作用。现在，我应该把这件事描述为：现行股票较高的市场价格就好像是利息率的下降，会引起相应类型的资本的边际效率的提高（因为投资与否取决于资本边际效率与利息率的比较）。

② 当然，这并不适用于那些股票不准备上市或者没有与股票相似的转让工具之类的企业。属于这类例外情况的企业，在过去是为数很多的，但从它们在新增投资总额所占比重来看，它们的重要性在迅速下降。

正因如此，所以我们只能达成上面的共识，因为只要我们相信上述成规能维持下去，它在相当大的程度上有利于保持事态相当的连续性和稳定性。

在一个有组织的投资市场里，如果我们相信这条成规能被维持下去，那么投资者至少能够获得心理上的安慰，并相信他所承受的唯一风险是：关于不久的将来的真实信息会有所改变，因为在遵守成规的条件下，只有这种改变才会影响他投资的价值。而对于各种具有可能性的改变，投资者也可以形成自己的判断，同时，这种改变也不大可能很大。这样，对投资者来说，投资在短期内便成了意见相对“安全”的事情。而在短期基础上的时间叠加，便是一个长期的行为。因此，无论经历多少个短期，只要他相当肯定上述成规不会被打破，并且改变时间不长、变化不大时，他有修改决策和改变投资的机会，那么，投资仍然是“安全”的。所以从社会的角度来看，投资是“固定”的，但从个人的角度来看，投资则是“流动”的。

我相信，当前几个重要的投资市场，都是基于类似的思想基础而发展起来的。但是这条成规毕竟是不可靠的，正是由于它的不可靠性，所以给我们要取得充足投资这个问题造成了不小的麻烦。

成规不可靠的原因

对于导致并加强这种成规的不可靠性的原因，我在下面作一下剖析：

1. 社会总资本投资中的一部分被那些不具备经营和管理能力的人掌控。而且，由于这一部分投资在社会总投资中所占的比重逐渐增加，所以拥有投资和计划进行投资的人在估计投资的价值时，所需要的真实知识已经大为减少。

2. 当前投资的利润经常发生各种各样的波动，这种波动虽然较为短暂，但对市场的影响却非常严重，甚至到了荒谬的程度。举个例子，据说美国制冰公司的股票的价格夏天比冬天高，因为季节性使夏天的利润高于冬天；全国性节假日的反复出现，使英国铁路公司股票的市场价值提高了数百万英镑。

3. 作为投资主体的群众，往往对事态一无所知，因而很容易因为某些情况的改变而改变自己对未来收益的看法，这种看法最终会导致投资产生剧烈的波动，这主要是因为，群众心理所决定的市场价值缺乏强有力的信赖基础使它得以保持稳定。

尤其在非正常时期，即使没有明确的理由来期望变动，现有的事态能无限制地继续进行下去的说法也比较难以让人相信。这时，市场会被乐观情绪或悲观情绪的浪潮所支配。这种浪潮是盲目的，但在一定意义上来说也是应该出现的，因为这时并不存在用理性进行思考的坚实基础。

4. 不过这里还有一点需要注意的是，人们可能会有一种想法，即知识和判断力都超于常人的专家们之间也会出现意见的分歧，这种对分析的辩论结果会矫正那些因为缺乏专业知识而导致的胡思乱想，但事实却并非如此。

事实上，这些专家们并不关心投资项目的未来收益及长期走势，他们关心的只是早于公众看出一些资本价格的变动。他们不会像一个希望长期持有某项投资的投资者那样，关注投资的长期价值，他们关心的只是短期回报。

当然，这里必须说明的是，专家们的这种行为并不是他们的思想怪癖，而是按照上述方式组织起来的投资市场所带来的必然结果。因为，如果你相信一项投资根据其未来收益计算在今天值 30 元，如果你又相信 3 个月后该项投资的市场价值是 20 元，那么，你花 25 元去购买该项目就是不明智的了。

这样一来，职业投资者就被迫去研究那些短期内的变化，这些变化往往来自突发事件和社会氛围，而经验证明，正是这种短期的变化实际上是最容易营销市场群众心理的。在一个着眼于所谓资本的“流动性”的投资市场中，追求短期的投资效益是不可避免的结果。在我们传统的理财观念中，肯定没有比追逐短期效益更不利于社会的了。

但是，资本流动性的崇尚者则认为，投资机构把他们的资源集中于持有具有“流动性”的股票，是一种最好的选择。但是他们忘了一个事实，那就是对于整个社会而言，投资的流动性是不存在的。

从社会角度来看，最高明的投资应该是能克服由于缺乏信息和时间不足而造成的未来形势的判断不明；而具体到某一个人的角度来看，最高明的投资则应该像美国人所表述的，是“赛跑时未听见发令枪响就起跑”，即让他人上当，把贬值的投资转手给别人。

5. 截至目前，我们最关心的还是投机者或者投机投资者的信心状态。这有可能会使有些读者觉得，我们已经在潜意识中作出假设：只要投机投资者对资本市场的前景感到满意，他就可以按照市场利息率借到无限制的贷款，但实际的情况并非如此。

因此，我们就必须将其他方面的信心状态考虑在内，也就是贷款机构对其借款者的信心，有时也被称为信用状态。对资本边际效率带来灾难性反作用的股票价格的崩溃，可能就是因为投机信心或者信用状态两者中的任何一个的削弱所造成的。虽然这两者之一的弱化足以造成经济崩溃，而经济复苏则要求这两者同时恢复，因为信用的虚弱尽管足以导致经济崩溃，但它的强化虽然是经济复苏的必要条件，却不是充分条件。

资本流动性与投资预期

以上我们所论述的这些，都是经济学者们应该考虑到的，不过对它们的思考有权重之分。

如果我用投机这个词汇来表示预测市场心理活动，用冒险这个词汇来表示预测资产在其整个寿命期间的未来收益，那么，真实的情况是，投机所占的比重并不总是大于冒险所占的比重。但当投资市场的组织改进时，投机往往就要占据上风了。例如，纽约证券交易市场是全世界最大的投资市场，在那里，投机的影响是巨大的。

▶ 伦敦证券交易所

在英国经济最发达的时代，伦敦曾经是世界金融中心，但随着英国经济霸主地位被美国所取代，伦敦的金融中心地位也让位给了纽约。

甚至在金融领域之外，英国人也总是倾向于对找出一般人所相信的东西有着异乎寻常的兴趣，而这个弱点就是股票市场对它所施加的报应。

人们说，美国人不像许多现在的

英国人那样，仍然是“为了取得股息”而投资，美国人真正看重的是股票升值之后的价值收益。换句话说，美国人购买股票进行投资并不是寄希望于从股票上获得未来收益，而是寄希望于股票市场价格（成规的价值）的有利可图的变动上。

这也就是说，美国人是投机者。而投机者像是企业稳定发展洪流中的一个泡沫，虽然不会造成什么伤害，但当企业变成投机旋涡中的一个泡沫时，情形就非常严重了。

当一国资本的发展变成一个赌博俱乐部活动的副产品时，资本发展的负面作用就越来越大。如果我们把华尔街当作一个机构，它的社会功能是直接把新投资引入用未来收益计量的最有利的渠道，那么它取得成功的方法，就不能被认为是自由放任资本主义的突出成功之一。

这些脱离社会功能的投资倾向，是我们成功的有组织的“有流动性”的投资市场经常会出现的后果。人们通常会同意一种观点：投资应该从公共利益出发，使人们难以进入“赌博夜总会”，或者是进入的代价高昂。

同样的话说给证券交易所或许也是对的，伦敦证券交易所的投资者少于华尔街，其原因并不在于民族特点的差异，而在于一般英国人进入斯罗格英顿街比美国人进入华尔街要困难和昂贵得多。要在伦敦证券交易所进行交易，投资者需要支付介绍费、高额的经纪人费，向英国财政部缴纳大量的转手税，这些都可以减少市场的流动性（虽然每两周结账一次的方法，又增加了该市场的流动性），在很大程度上排除了华尔街交易的特点[①]。政府对一切交易课以高额的转手税，可能是在英国减少投机压倒冒险的倾向最切实可行的方法。

上面描述的投资市场的情况，有时会让我产生这样的想法：假如让购买投资成为永久性的事物，就像婚姻一样，除了死亡或者其他不可预见的原因外，投资永远不能解约，这可能就可以彻底解决我们现在面临的投资弊端。但是只要稍加思考又会觉得，这个方法却又让我们进入了两难的境地。这向我们表明：虽然投资市场的流动性有时有害于新投资的平稳成长，但有时对新投资

① 据说，当华尔街交易活跃时，至少有一半以上的股票买卖属于投机者打算在当天买进又卖出，或卖出又买进，快速流通。商品交易所中也往往如此。

的产生也是有利的，因为每一个个体投资者自认为他投入的资金具有“流动性”（虽然对于整个社会来说这是不可能的），这一事实可以给投资者以信心，从而使他比较愿意承担风险。如果个人投资者的投资不具有流动性，那么对他来说，只要有保持储蓄的其他方式，那就会严重地影响新投资的产生。这就是我所说的进退两难。只要个人能够用存储或者贷款的方式来处理他的财富，那么除非通过有组织的市场使他的投资资产很容易地变现，否则对实际购买资本资产就没有足够的吸引力。

解决影响当代社会经济生活的信心不足的唯一激进的方法，就是使个人在消费掉他的收入和经营特定的资本资产之间没有选择的余地，即使购置这些资本资产对他很难算作最有利的投资方式时，也是如此。

最有可能出现的情况是：当个人对未来处于异常疑虑的状态时，疑虑可能使他增加消费和减少投资。即使这样，也比当他处于疑虑状态时既不把收入用于消费也不用于投资为好，因为既不消费又不投资会对社会造成灾难性的、累积的、深远的影响。

那些强调储存货币对社会没有好处的人们，必然有着和上述类似的想法。但是，这些人忽视了在其他条件下出现危害的可能性，那就是即使储存货币数量不变，或者改变的数量不大，也会给社会带来危害。

除投机原因造成经济不稳定之外，人类的本性也会给经济造成极大的不稳定，因为人们的积极行为很大一部分是来自自发的乐观情绪，而不是来自冷静的数字预期。

无论乐观情绪是出自道德角度还是享乐主义角度，抑或是经济的角度，人们下决心作出某些积极性活动的出发点，很可能都只是由于动物精神——自发地急切地要活动而不是不活动，而不是用利益的数量乘以概率以后得到的加权平均数所导致的结果。

无论哪个行业以何等真诚的态度宣称，他们从事经营的主要动机已由创业时的组织章程所说明，这些其实都是不能令人相信的。企业的活动以对未来收益的精确计算为基础，并比不撞大运更精确一些。所以，如果动物精神有所削弱和自发的乐观情绪萎靡不振，以致我们只能依靠数学计算，则企业就会萎缩和衰亡——虽然害怕损失的依据和过去希望得到利润的根据相比并没有更多的合理性。

这里我可以有把握地说，要对未来充满希望，并倾注全力寄希望于将来的企业会有益于整个社会。但是，个人的主动性只有当合理的计算有动物精神作补充和支持时，才能充分发挥。那种往往使创业者意志消沉且为经验所证实的最终要失败的想法会因此而被搁置一边，正如健康的人不会考虑对死亡的预期一样。

不幸的是，这种情况意味着在萧条的背景下，经济萧条和衰退的程度会进一步加深，而且经济繁荣高度也依赖于对一般工商业者合适的政治和社会气候。如果说对于英国工党政府或者美国新政的恐惧会抑制企业经营的话，其原因既不在于合理的计算，也不在于有什么政治图谋——它只不过是破坏了自发乐观的平衡而已。因此，在估计投资的前景时，我们必须考虑到决定自发活动的那些人物的胆略、兴奋程度等一系列因素。

当然，并不能因为我们需要这样去做，我们便认为经济的一切都是非理性的。相反，经济的长期状态恰恰是理性的稳定。而且，当它不稳定时，也会有其他因素发挥它们的补偿作用，来慢慢让经济平稳下来。在这里，我不过是提醒读者，我们是能够影响未来决策的，无论是有关个人事务的，还是有关政治或者经济问题的，都不可能单纯取决于数学期望值，因为作出这种计算的基础是不存在的。而且推动社会车轮运转的正是我们内在的渴望活动的冲动，在多种可能性当中，尽我们所能理智地作出最好的选择，能计算的就计算。但就动机而论，我们的理智又往往退回到依赖于我们的兴致、感情和

▶ 交易员

具有专业素质并掌握交易技巧的交易员，是证券市场重要的组成部分，在一些早期的证券交易所中，还曾规定过只有交易员可以进行交易活动。

机遇。

此外，还有一些其他的重要因素，或多或少可以减少投资者对因为对未来缺乏了解而造成的影响。由于复利关系，以及随着时间的推移有些资本设备可能老化，所以许多个人投资项目对其未来收益的考虑首先着眼于比较短期的回报是合理的。在最重要的一类长期投资场合，如房地产业，其风险常常从投资者那里转移到住户身上，或者根据长期契约由他们双方来共同承担。长期契约可以使租户感到契约的连续性和有房住的保障所得到的好处大于冒风险进行房地产投资的程度。

在另一类重要的长期投资当中，如公用事业，其未来收益的相当大的部分实际上来自垄断特权，并有权为得到为取得一定利润产额而定价所保障着。

最后，还有一个日益重要的由政府牵头或者由政府承担风险的投资类型。在进行这类投资时，政府显然只会考虑社会的未来收益，而不管其商业效益有多大波动，也不拘泥于使投资收益的数学期望值至少应等于当期利息率——尽管政府所要支付的利息率仍然起着决定其财力所及的投资规模的关键作用。

这样，在对长期预期状态中短期变化（和利息率的变化相区别）的影响的重要性给予充分权衡之后，我们仍然有理由把利息率作为至少在正常条件下能影响投资的重大因素，虽然不是决定性的因素。然而，只有经验才能证明：在什么程度上，对利息率的管理才能够持续地刺激投资，使它达到合适的水平。

以我自己来说，我目前对仅仅利用货币政策便能够成功控制利息率的可能性程度是有所怀疑的。我希望能看到这样一种国家，它能从长期的角度出发，并以一般的社会利益作为计算资本品的边际效率的依据，担负起更大的责任来直接组织投资，因为根据我在上文所叙述过的原则计算的不同类型的资本的边际效率市场估计的波动看来似乎过大，以致任何利息率的实际变化都不足以抵消这种波动。

第三节
利息率的一般理论

在本章第一节中，我已经向读者证明：虽然有多重因素会使投资量增加或减少，从而让资本边际效率等于利息率，然而资本边际效率从本质上与当期利息率并不相同。

资本边际效率表是投资者为了进行新的投资而需要借贷资金所愿意支付的代价。因此，为了完善我的理论，读者需要知道利息率是由什么来决定的。

在下一节里面，我们将讨论到目前为止对这个问题的解答。读者将发现：这些解答都把利息率作为资本边际效率表和储蓄的心理倾向相互作用的结果。具体来说就是：利息率是一个平衡因素，它使在给定利息率下存在的新投资量对储蓄的需求等于在该利息率下由社会心理状态所决定的对储蓄的供给。但只要我们能察觉到：仅仅根据这两方面的因素无法推算出利息率，那么，这些说法就要被推翻。那么，我对于这个问题的解答是什么呢？

流动性偏好与利息率

要将一个人在心理上对时间的偏好完全体现出来，需要作出两种不同的决策：第一种涉及与消费倾向有关的时间偏好决策，即上一节所讲过的种种动机的影响下，消费倾向决定了一个人将其收入的多少份额用于当期消费，有多少份额将以某种支配权形式保存下来用于未来消费。

这个决策一作出，他紧跟着便要作另一种决策，即从他当期收入中被保存下来或者从他过去的储蓄中保存下来用于未来消费的部分将采取何种支配权形式持有。是应该采取即时的、流动的支配权形式呢，还是采取另一种形式，即准备在一个特定期间或者不确定的期限内，放弃即时支配权，而留待将来由市场情况决定，在必要的时候他能够按照什么条件把一种特定物品的延期支配权转换成一种物品的即时支配权呢？

换句话来说，就是资本持有者对流动性的偏好程度有多强？——在此处，一个人对流动性偏好，由他的用货币或者工资单位计量其价值的资源数量表来表示。这个资源数量表是他在不同情况下愿意以货币形式持有的资源数量。

我们将发现，已被接受的利息率理论的错误在于，他们试图根据两种心理上对时间偏好中的第一种得出利息率，而忽视了第二种。我们要努力补救的正是这个缺陷。

显然，利息率不可能是储蓄的回报，因为如果一个人把他的储蓄用现金存储起来，虽然他的储蓄量和不用现金存储形式的一样多，但他却得不到任何利息。相反，利息率本身的定义便可以告诉我们：利息率是在一个特定的时期内，放弃资本流动性而换取的报酬，因为利息率本身是一个反比例公式，分母是一定数量的货币，分子是在一特定时期内放弃对该数量的货币的控制权换得相应数额的债权①，从而得到的报酬②。

正因为利息是投资者放弃资本流动性所获得的报酬，所以任何时候利息率都可以用来衡量货币持有者不愿放弃对其流动性控制的程度。利息率并不是让投资资本的需求量与自愿放弃当期的消费量趋于均衡的“价格”，而是使以现金形式保持其财富的愿望同当期的现金数量保持均衡的“价格”——这就

---

① 划分“货币”和“债权”的界限，是要看对具体问题如何最方便而定，这不会影响它们的定义。例如，我们把货币当作对一般购买力的支配权，而这一支配权在三个月内不会和货币所有者脱离。而作为债权，则是在此期限内不能复原成现金的支配权。我们可以用一个月，或者三天，或者三小时，或者任何其他的时期来代替“三个月”。我们也能够把在任何场合下都不是法定货币的东西排除在“货币”之外。但为了在实践中方便起见，我们往往把银行的定期存款，甚至有时把类似短期国库券的证券也包括在“货币”内。作为一条成规，我还是和我在《货币论》中一样，把银行存款也看作货币。

② 有别于对特定问题的讨论，在一般的讨论中，利息率最好是指不同期限的当期利息率系列，即对不同期限的债务的利息率。而在特定问题的讨论中，债务的期限是已知的。所以，利息率是对一定期限的债务而言，并且因期限的不同而不同。

▶ 现金

现金是最具有流动性的财富。

意味着，如果利息率较低，也就是放弃现金的报酬下降，那么公众想要持有的现金总量将超过现金可能的供给量；如果利息率升高，那么正常人便不愿意持有现金余额。如果这种解释是正确的，那么货币数量能够和流动性偏好一起决定在一定条件下的实际利息率。

流动性偏好是一种潜在的因素或者函数关系的倾向，它决定在给定利息率水平下，公众愿意持有的货币数量。如果利息率为r，货币数量为M，L是流动性偏好函数，那么我们就可得公式M =L（r），这表示一定数量的货币在什么地方，以及是怎样进入经济系统的。

流行性偏好

不过在这里我们还要回过头来思考一下，流动性偏好是一种怎样的存在？在这个问题上，我们可以利用当前已经有的，用作现行业务交易的货币和用作财富存储手段的货币之间的区别来进行说明。就这两种使用方式的第一种而言，我们可以看到，在一定限度内，为了流动性而牺牲一定数量的利息是值得的。但是，利息率从来都不会是负值，那么为什么人们宁肯用收益很少和没有利息的形式来持有其财富，也不用能赚取利息的方式来持有财富呢？对这个问题作出充分的解释是比较复杂的，这要等到本章第五节才能加以说明。但在这里应指出一个必要条件，如果没有这个必要条件，那么作为财富存储手段的货币流动性偏好就不可能存在。

这个必要条件就是：市场上存在对未来利息率的不确定性，也就是不能确定未来不同期限的利息率，因为，如果未来的利息率能够被确切地预测到，那么一切未来的利息率就都可以根据当期不同期限的债券的利息率推算出来，而当期不同期限的债券的利息率又可以根据涉及未来利息率的知识而加以相应的调整。

例如，假设 $_1d_r$ 是 r 年以后的 1 英镑的现值，而 $_nd_r$ 是从第 n 年算起，r 年之后的 1 英镑在第 *n* 年时的现值，那么，我们就会得到公式：$_nd_r=\frac{_1d_{n+r}}{_1d_n}$。

从这个公式中可以看到，*n* 年后的任何债券的折算成现金的贴现率都可以从当期利息率系列中的两个被推算出来。如果每一期限的债券的当期利息率是正值，则购买债券必然比以现金形式存储财富更为有利。

相反，如果未来的利息率是不确定的，那么我们就不能保证，当第 n 年到来时，$_nd_r$ 会等于$\frac{_1d_{n+r}}{_1d_n}$，这样，在第 n 年到来之前，如果对具有流动性的现金的需求可能增加，那么，购买长期债券然后再将其转换成现金，和持有现金相比会有更大的遭受损失的风险。这时，按照既定概率计算出来的精算利润或数学期望——虽然能否如此计算尚未可知，但假定可以如此计算——必须足以补偿失败的风险。

进一步来说，如果存在有组织的债券交易市场，那么对未来利息率的不确定性的存在，还会为流动性偏好的存在提出更多的理由，因为不同的人对前景的估计有差异，而一个以市场价格所表示的主流看法不同的人可以有充分的理由来持有流动性资源，因为如果他是对的，则现在各个 $_1d_r$ 之间的关系就与将来的事实不符，他就可以从中获得利润。

这些和我们在前面对资本边际效率的讨论内容非常相似。

在前面的讨论中我们发现：资本边际效率不是取决于“最乐观”看法，而是取决于大众心理所决定的市场评价。与此类似的是，由大众心理所决定的对未来利息率的估计也会对流动性偏好产生影响——但是，这里需要补充的是：那些相信未来利息率会高于市场所设定的当期利息率的人们，有理由持有具有较大流动性的现金①。而那些相信未来利息率会低于当期市场利息率的人们，则会借入短期款项来购买较长期的债券。这时，市场价格便取决于“空头”卖

① 也许有人会认为，基于同样的理由，相信投资的未来收益会小于市场预期的人，将有充分的理由持有具有流动性的现金。但是，这里的情况并非如此。这个人会有充分的理由持有现金或者债券而不是股票。除非他也相信未来的利息率会高于市场的预期值，否则他更倾向于购买债券，而不是持有现金。

出和“多头”买进相等的点。

在前面，我们区分了三种不同类型的流动性偏好，它们的界限取决于：1. 交易动机，即由于个人或企业的现行交易而引起的对现金的需要；2. 谨慎动机，即为了保险起见，把全部资本的一部分以现金的形式保存起来；3. 投机动机，即相信自己对将来会发生什么比市场上一般人有更精确的了解，并从中获取利润。

如同我们在讨论资本边际效率时一样，我们需要面临一个抉择，那就是要不要建立起一个高度组织化的债券交易市场。在缺乏有组织市场的情况下，由于谨慎动机所引起的流动性偏好将会大大增加；但当有组织的市场存在之后，又会为基于投机动机所形成的流动性偏好提供大幅度涨落的条件。

为了将这个问题剖析清楚，我们可以指出：如果由于交易动机和谨慎动机所形成的流动性偏好吸收了一定数量的现金，抛开它对收入水平的反作用不谈，这部分现金对利息率本身的变化的反应是不太灵敏的，因而，货币总量减去上述被吸收的货币量的余额，可以用来满足由于投机动机所形成的对流动性偏好的需要，利息率和债券的价格便会被决定在这样一个水平上，即使某些人愿意持有的现金正好等于可以用来满足投机动机需要的货币数量。这样，每一次货币数量的增加都必然会把债券的价格提高到足以超过某些“多头”的预期值，从而促使他们通过出售债券换来获得现金，加入“空头”行列。然而，抛开短暂的过渡期间不谈，如果来自投机动机的货币需求是微不足道的，则货币数量的增加会立即把利息率降低到必要的程度，以致就业量和工资单位能得到充分的提高，使增加的货币数量能够完全被交易动机和谨慎动机所吸收。

▶ **期货市场**

因为期货市场是一种对预期的投资，所以是多头和空头搏杀的主要“战场”。

一般情况下，我们可以假设体现货币数量和利息率之间关系的流动性偏好表是一条平滑的曲线，那么这就表明：货币数量增加，利息率就下降。导致这种结果的原因是：

首先，在其他条件不变的前提下，利息率的下降有可能使更多的货币被由于交易动机所形成的对流动性偏好的需求所吸收。因为如果利息率的下降使国民收入增加，那么为了应付交易而持有的货币量将大致按与收入增加相同的比例增加。与此同时，用利息损失表示的持有充足现金的方便之处的代价也将会减少。除非我们用工资单位而不是货币（在某些情况下比较方便）来衡量流动性偏好，否则如果利息率的下降所造成的就业量的增加而导致的工资的提高，即工资单位的货币价值的增加，则交易动机所需要的货币数量同样需要增加。其次，正如我们看到的，每一次利息率的降低都会增加一些人对持有的现金的意愿，因为他们对未来利息率的看法是有别于市场上一般看法的。

尽管如此，还是会有一些状况出现，如即使货币数量大量增加，也只能对利息率施加相对较小的影响，因为货币数量的大量增加会造成对未来极大的不确定性，以至于出于对安全的考虑，社会流动性偏好会加强。同时，对于未来利息率的看法可以非常一致，以至于当期利息率的微小变化也会造成大规模的现金持有。

令人感兴趣的是：经济体系的稳定性保障对货币数量变动的敏感性，竟然如此依赖于关于什么是不确定性的不同看法的存在。我们如果知道未来当然最好，但是如果不能，那么我们想通过改变货币数量能够控制经济体系的活动，最重要的是看法不一致。因此，这种控制办法在美国比在英国还难以见效，因为在美国，每个人都倾向于在相同的时间持有同样的看法，而在英国，意见分歧则是比较普遍的。

货币影响经济的补充说明

在这里，我们首次把货币引入我们的因果关系分析当中，并且对货币数量的改变如何影响经济体系作了初步的讨论。然而如果我就此下结论说，货币能够显著刺激经济体系的活跃程度，那么，我还要必须指出，这当中有一些因素会影响到这个结论。

首先，在其他条件不变的前提下，货币数量的增加虽然可能使预期利息率降低，但如果公众的流动性偏好的增加大于货币数量的增加，那么货币数量的增加就不至于让利息率降低了。其次，在其他条件不变的前提下，虽然利息率的降低可以增加预期投资量，但如果资本边际效率表的下降比利息率的下降还要快，那么利息率的下降就不会使投资量增加。再次，在其他条件不变的情况下，投资量的增加虽然可以让预期就业量增加，但如果消费倾向下滑，那么投资量的增加也不会使就业量增加。最后，如果就业量增加，则资本的价格上升，那么上升的幅度将一部分取决于物质供给函数的形态，另一部分取决于以货币计量的工资单位是否易于提高。当产量已经增加、价格已经上升时，它们对流动性偏好的影响将使货币数量增加以维持既定的利息率。

出自投机动机的流动性偏好虽然类似于我在《货币论》中所说的“空头状态”，但这两者绝不是相同的东西，因为在《货币论》中，“空头状态”被定义为一种函数关系，它不是利息率与货币数量之间的关系，而是资产价格和债券价格一起与货币数量之间的关系。然而，如果按照这种处理办法，利息率变动所造成的后果与由于资本边际效率表的变动所造成的后果就会发生混淆。

存储货币可以被当作与流动性偏好这个概念最接近的概念。的确，我们完全可以用“存储货币倾向”来代替“存储货币”，因为这两者几乎是相同的东西。但是，如果我们把“存储货币”看作现金实际持有量的增加，那么它就不是一个完整的想法，因为，它会使我们把“存储货币”和“不存储货币”看成简单的非此即彼的替代物，因为存储货币的决策并非绝对地或者根本没有考虑脱离流动性有何好处的情况下作出的，而是权衡各种好处的结果。

所以，我们必须知道它在另一方面还有什么好处，而且，只要我们把存储货币看作实际持有的现金量，那么，实际存储的货币数量的变动就不可能是公众决策的结果，因为存储货币的数量必须等于那个货币数量（或按照某种定义等于货币的数量减去交易动机多要求的部分），而那个货币数量又不是公众所决定的。公众存储的倾向所能做到的一切，不过是决定利息率的水平。

在这个利息率水平下，公众愿意存储货币的总量变成等于现有的现金总量。忽视利息率与存储货币之间的关系的习惯，我们可以部分地解释：为什么利息率通常被当作不消费的报酬，而实际上却是不存储货币的报酬。

第四节
古典经济学派的利息率理论

古典经济学派的利息率理论一直是哺育我们这些经济学者的重要理论，而且直到最近，很多人还对其毫无保留地相信。但现在，我发现有关于它的论述其实是很不透彻的，想要将它明确地表述出来，也是很困难的。

不过，有一点是明确的，那就是古典经济学派将利息率看作让投资需求与储蓄意愿达成均衡的重要因素。

古典利息率理论

投资代表着对投入资源的需求，储蓄代表着可供给的资源，利息率则是能使可投入资源的供给和需求相等的“价格”。正如同商品的价格一样，供给和需求相等的点，是决定利息率的关键。在真实的情况下，利息率也必然会在市场力量的作用下，使投资量与储蓄量达到某种均衡。

我们没法在马歇尔的《经济学原理》里找到类似上文这样直白的表述，不过他的理论确实应该这样去理解。事实上，我自己就一直接受着这样的理论，并且在相当长的一段时间里，我也是这样教导别人的。

我们以《经济学的原理》中的一段话为例：“利息作为在所有市场上使用资本必须支付的价格，趋向于一个均衡的水平，也就是在市场上，在一定的利息率水平下，对资本的总需求量等于在该利息率下的资本总供给量。”

卡赛尔教授在他的著作《利息的性质和必要性》中也解释说：投资构成“对等待的需求”，储蓄构成“对等待的供给”，而利息则是一种“价格”，其作用在于使两者相等。

除此之外，卡弗教授在他的著作《财富的分配》的第六章里，也清楚地设想了利息是使等待的边际负效用和资本的边际生产力达到均衡的因素[①]。

阿尔弗雷德·弗拉克斯爵士在他的《经济学原理》中写道："如果我们通常的论述有道理的话，那就必须承认发生在储蓄和有利可图地使用资本的机会之间的自动调节……只要利息率大于零……储蓄就不会没有有用的机会。"

陶西格教授画出了一条储蓄的供给曲线和需求曲线，后者代表"资本逐步增加时的生产力的递减"。在此之前他还曾在著作中指出："利息率最终会稳定于一点，在该点上，资本的边际生产率足以带来储蓄的边际增量[②]。"

瓦尔拉斯在他的《纯粹经济学大纲》附录I（III）中，讨论了"储蓄与新资本的交换"，其中他明确论证：对应于每一个可能的利息率，人们都将有一个储蓄总额和他们将投入新资本资产的投资总额；这两个总额彼此趋向于相等；利息率是使它们两者相等的变量；于是利息率就被决定于这样一点，在该点，代表新资本供给的储蓄等于对该新资本的需求，因此，他严格地承袭了古典学派的传统。

当然，在传统经济学理论教育下成长起来的普通人，如银行家、公务员或者政治家及训练有素的经济学家们都有着类似的思想，他们认为：无论人们何时进行了储蓄，都等于自动完成了使利息率下降的行为，从而又自动地刺激了资本的生产。

这些人认为：利息率会刚好下降到一个必要的程度，使资本产量的增长在

---

① 我们对卡弗教授关于利息的讨论难以理解，因为：第一，他所说的"资本的边际生产力"是指"边际产品的数量"，还是指"边际产品的价值"？前后并不一致。第二，他没有给出资本数量的定义。

② 在最近一次关于这些问题的讨论中（F.H.奈特教授在他发表于《经济》杂志1932年8月号的一篇论文"资本、时间和利息率"中），对资本的性质曾进行了许多饶有趣味并深刻的考察。他肯定了马歇尔关于庞巴维克的分析毫无用处这一马歇尔的传统观点的正确性。他所提出的利息理论也正好是传统的、古典的模型。按照奈特教授的说法，在资本生产领域的均衡意味着"这样一种利息率，在此利息率条件下，储蓄流入市场的单位时间的量或速度正好等于储蓄流入于投资的速度。投资所产生的净收益又正好等于为了使用储蓄而支付给储蓄者的补偿"。

此时刚好等于储蓄的增长量。他们还进一步认为：在这个过程中没有任何必要进行特殊的干预，也不需要货币当局过多的关心。同样，如果没有储蓄倾向的变化予以抵消，投资的每一次增加必然会提高利息率，这个观念甚至在今天还非常普遍。

但现在，根据前面几节的分析读者应该了解到：上述这些古典经济学家的说法都是错误的。我们要追寻意见分歧的根源，然而在这之前，让我们先从意见一致的地方开始。

古典经济学家的失误

和新古典经济学派不一样，古典经济学派认为储蓄和投资实际上能够不相等。例如，马歇尔虽然没有明确作出过表示，但他确实认为总储蓄和总投资是相等的。大多数古典学派的成员把这一信念拓展得太广了，因为他们坚信，一个人每次增加储蓄的行为都必然会带来投资的增加。

在目前我们讨论的这个范围之内，我的资本边际效率表或者投资需求表与上面所引用的古典学派经济学家理念中的对投资的需求曲线，其实并没有本质上的区别。但在关于消费倾向和它相对应的储蓄倾向概念时，我与古典经济学家的理论就开始产生分歧了。这是由于他们把重点放在了利息率对储蓄倾向的影响上。但可以设想，他们不会否认收入水平也会对储蓄的数量有重要影响。而与此同时，从我的角度来说，虽然利息率对储蓄量的影响或许不像他们所设想的那样大，但我也并不会否认这种影响的存在。

所有这些相同之处都可以概括为一个命题，就是：在收入水平是给定的前提之下，我们可以推断认为，当期利息率必须处于这样一点，在该点上，对应于不同利息率的资本需求曲线与对应于不同利息率的给定收入的储蓄量曲线相交。

但是，在取得了这一点上的共同之后，一些错误的东西又开始慢慢进入古典学派的理论中了。如果古典学派仅仅从上述命题作出如下推论，那么，在对资本的需求曲线及利息率的变化对给定收入中意愿储蓄量的影响为既定的条件下，收入水平和利息率之间存在一种唯一的相互关系，对此我没有什么好争论的。而且，这个命题还会引出另一个能够体现重要真理的命题，即如果利息率、对资本的需求曲线，以及利息率对给定收入水平下意愿储蓄量都是给定的，那么收入说就必然是使储蓄量等于投资量的一个因素。但事实上，古典学派的理论不仅忽视了收入水平变化的影响，而且还包含有思维上的错误。

在上面我引用的那些古典经济学派的观点中，我们可以明显地看出，古典经济学派的理论假定从其理论本身就可以考察资本需求曲线的移动对利息率的影响，而不必排除或者修改其关于给定收入决定储蓄量的假定。

古典学派利息率理论当中存在的自变量是：资本的需求曲线和不同利息率在一定收入前提下的不同储蓄量；而假设当资本需求曲线移动时，按照这一理论，新的利息率就由两条曲线的交点来决定，一条是新的资本需求曲线，另一条是体现利息率与给定收入中储蓄量的关系的曲线。

古典学派的利息率理论似乎假定：如果资本需求曲线移动，或体现利息率与给定收入中储蓄量关系的曲线移动，或这两条曲线同时移动，那么新的利息率就由这两条曲线交点的新位置来决定。这其实是一个荒谬的理论，因为该理论所假设的收入不变与它关于两条曲线能够相互独立移动的假设是矛盾的。

如果两条曲线中的任何一条移动，那普遍地说，收入就会变动。结果建立在收入一定这一前提之上的整个理论体系就会崩溃。这种处境只能用某种更复杂的前提假设来解救，即假设上述曲线移动时，工资单位会自动变化，变动的数值恰好足以使它对流动性偏好的影响形成一个新的利息率，这个新的利息率正好抵消前面假定的曲线的移动，从而使产量仍保持在曲线移动前的水平。

但是，关于这种假设的必要性，在上述我所引用的各种古典主义经济学家的著作中我们找不到任何暗示。这种假设最多只能适用于与长期均衡有关的情况，而不能形成短期理论的基础，甚至在长期中，也没有理由认为这种假设能够成立。

所以，真实情况是：古典学派理论并没有想到收入水平变化所起的作用，或者没有意识到收入水平实际上是投资量函数的可能性。

图说古典经济学家的失误之处

对于以上的论述，我们可以结合下图进行一下说明：

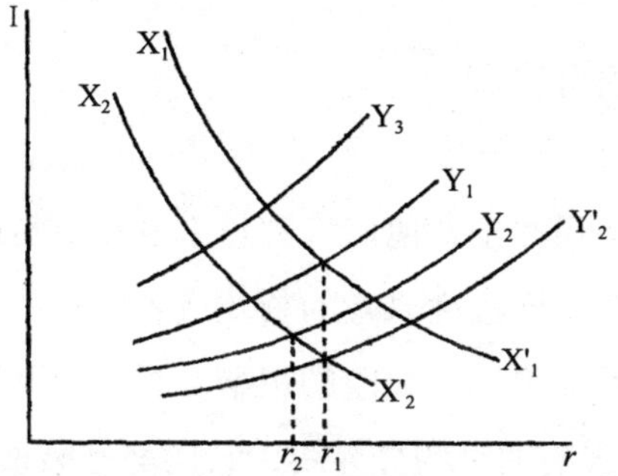

在上图中，纵坐标代表投资量（或储蓄）I，横坐标代表利息率 r。X_1X_1' 代表投资需求表或曲线的初始位置，X_2X_2' 是该表或曲线的第二次位置。Y_1 曲线表示：当收入为 Y_1 时，在不同利息率水平下的储蓄量；Y_2、Y_3 曲线表示：当收入为 Y_2 和 Y_3 时的相应情形。

我们做如下假设：Y_1 曲线是与投资需求表或者曲线 X_1X_1' 相对应的 Y 曲线，两者的交点即为利息率 r_1。现在，如果投资需求曲线由 X_1X_1' 移动到 X_2X_2'，收入一般也会移动。然而，上图中并没有包含足够的数据告诉我们这个新收入的数值是多少。而且，由于我们不知道哪一条是应有的 Y 曲线，所以，也就不知道新的投资需求表和应有的 Y 曲线会在哪个点相交。

然而，如果我们引入已知的流动性偏好状态和货币数量，而两者又共同决定利息率 r_2，那么，整个情形就是可以确定的。图中与 X_2X_2' 相交于 r_2 点的 Y 曲线就是应有的 Y_2 曲线。由此可见，X 曲线和 Y 曲线并不能告诉我们利息率 r 是多少，它们只能告诉我们收入是多少。如果根据其他数据，我们可以知道利息率水平是多少的话，假设流动性偏好和货币数量都保持不变，从而利息率也保持不变，则与新投资曲线相交于 Y_1 曲线与原有的投资需求曲线交点下方的 Y'_2 曲线，就是应有的 Y 曲线，而 Y'_2 就是应有的新收入水平。

这样，古典学派理论所使用的函数：投资量对利息率变动的反映与一定收入下的储蓄量对利息率变动的反映，都不能为利息率理论提供所需要的材料。但是，它们也有另一个作用，那就是可以告诉我们在一定的利息率条件下，收入水平将是多少。换一种说法就是：如果收入被保持在一个既定的水平之上，那么相对的利息率将是多少。

新古典经济学派的失误

古典经济学派的错误在于，他们将利息率看作等待的报酬，而不是不存储货币的报酬。正像包含不同程度风险的贷款或者投资的报酬率，不应该被当作等待的报酬而应该被看作愿意冒风险的报酬一样。实际上，在这些报酬和所谓“纯粹”利息率之间并没有明显的分界线，它们都是愿意接受一种或者另一种不确定性风险的报酬。只有当货币仅仅被用来满足交易的需要，而不被用作存储价值的手段时，另一种不同的货币理论才是合适的。

这里有两个众所周知的地方，或许可以让我们警惕古典经济学派的一些错误。首先，至少从卡赛尔教授的《利息的性质和必要性》出版以来，出现的为大家所共识的观点，即当利息率提高时对一定收入中的储蓄量是否必然增加并不确定。与此同时，也没有人怀疑对投资需求表中的各点会随着利息率的上升而下降。

但是，如果 Y 曲线和 X 曲线随利息率上升而一起下降，那么，就不能保证一条既定的 Y 曲线和一条既定的 X 曲线会有交点。这就暗示我们，仅有 Y 曲线和 X 曲线不能决定利息率。

其次，古典经济学派通常假设货币数量的增加有降低利息率的倾向，至少在短期内的初始阶段是这样的，但是，古典经济学派又提不出任何理由来说明为什么货币数量的变动会影响投资需求表，或者在给定收入中的意愿储蓄量。这样的话，古典经济学派在价值论体系下的利息论和货币论体系下的利息论就是建立在不同的前提条件之下了，这种匪夷所思的事情并没有让他们感到不安，他们也没有试图去解决这个问题。

新古典经济学派则试图在这两个理论之间搭座桥，但不幸的是，他们却让

▶ 《国富论》

亚当·斯密于1776年出版的著作，被视为古典经济学派的“开山之作”。

事情变得越来越糟。因为新古典经济学派的推论认为：一定存在两种供给的来源来迎合投资需求表。这两者分别是：第一，正常储蓄，也就是古典经济学派所谓的储蓄；第二，由于货币数量的增加所带来的储蓄（某种对公众的课征，被称为“强制储蓄”，或者类似的名称）。

于是，经济学领域便出现了“自然的”“中性的”或者“均衡的”利息率这类想法。这也就使投资等于古典经济学派的不包含任何“强制储蓄”的正常储蓄。最后，新古典经济学派得出一个最浅显的解决方案，那就是：如果在所有情况下，货币数量都能够保持不变，那么这些复杂情况就不会产生了。因为货币数量不变，设想的投资超过正常储蓄结果所设想的种种弊端也就没有存在的可能。但是在这一点上，我们却陷入了深渊中。

到这里我们可以看到，传统的分析都是错误的，因为它没有能够将经济体系的自变量正确地分离出来。经济制度决定着储蓄和投资，而不是储蓄和投资决定经济制度的因素。

储蓄和投资是经济制度的决定因素所导致的后果。这些因素是：消费倾向、资本边际效率表和利息率。这三个决定因素本身是复杂的，而每一个因素又都会受其他两个因素未来的变化而影响。但是，从它们的数值不能相互推算的状况上来看，它们仍然是自变量。传统的分析知道储蓄取决于收入，但忽略了收入取决于投资的事实。其形式是：当投资改变了，收入必然改变，改变的程度是能使储蓄的变动等于投资的变动。

那些尝试着证明利息率取决于“资本边际效率”的理论，也并没有获得更大的成功。在处于均衡状态时，利息率确实等于资本的边际效率，因为直到达到它们的相等之点，增加或减少当期投资规模都是有利的。但是，想因此把它放入利息率理论，或者由此去推导利息率，则必定会引起循环推理的问题。正如马歇尔那样，沿着这条解释利息率的思路，走到半路才发现了这个问题，因为“资本边际效率”部分地取决于当期投资规模，而在我们能够计算出这个规模究竟有多大之前，我们必须先了解利息率是多少。这里，一个重要的结论是：新投资的产量将会推进到这样一点，在该点上，资本的边际效率将等于利息率；而资本边际效率表告诉我们的不是利息率是多少，而是在给定利息率的条件下，新投资的产量将被推进到哪一点。

我认为，读者应该很容易便能明白：我们这里所讨论的问题具有最基本的理论意义和最重要的实践意义，因为经济学家们赖以对实际问题提出建议的经济学原理，总是站在其他条件不变的前提下，消费减少利息率就会趋于下降，投资增加利息率就会上升。但是，如果上述这两者所决定的不是利息率，而是就业总量，那么，我们对经济体系运行机制的看法将会有深刻的变化，因为在其他条件不变的情形下，如果不把消费愿望的削减看作增加投资的因素，而是把它看作减少就业量的因素，这就意味着对消费愿望减退的观点存在很大的分歧。

第五节
偏 好

在这里，我将在本章第三节中已作出初步介绍的流动性偏好的动机再作一些更深入的分析。

我所要分析的内容，有些与之前对货币需求的讨论中的内容的本质是相同的，也和所谓的货币收入流通速度有很大的关联。

持有现金的动机

因为货币收入流通速度只是计量公众将在他们收入中选择一个什么样的比例以现金形式来持有。所以，货币收入流通速度的提高也可以被看作流动性偏好降低的一个标志。

不过，他们之间也并不是画等号的。这是因为，个人在流动性和非流动性之间是能够进行选择的，对应的是他已经积累起来的储蓄存量，而不是他的收入。而且无论如何，“货币的收入流通速度”这个术语本身就会导致误会，它认为对货币总体需求量总是与收入保持一定的比例，或与收入保持某种决定性的关系，而实际正如我们将要看到的那样，上述比例和关系仅仅适用于公众所持有的一部分现金，这种误解则使人们忽视了利息率在其中所起的作用。

在《货币论》中，我一共在三个标题中讨论了对货币的总需求量，它们是收入存款、经营存款和储蓄存款。在这里，我没有必要重复我在该书中的论述，但是出于这三种目的中的任何一种而持有的货币，都汇集成了一笔笼统的款项，货币的持有者不会把它严格区分成三个部分，甚至在他们的概念中，也没有严格区分的必要。而且，同一笔款项可能是为了同一种目的而持有，而同时又兼有着为了另一种目的的意图。因此，一般较好的或是最好的办法，就是把个人在一定情况下对货币的总需求当作单一的决策，虽然它本质上是由许多不同动机综合而成的结果。

但是，在分析动机的时候，我们还是比较容易地可以在某种标题下把它们区分开的。第一类大致相当于收入存款和经营存款的区分，后两类相当于储蓄存款。关于这些类别，我曾在本章第三节的下述条目中作过简要的阐述。这些条目是：交易动机（可以进一步区分为收入动机和经营动机）、谨慎动机和投机动机。

1. 收入动机是持有现金的原因之一，是为了在两次取得收入的空窗期作为支付手段。这一动机在导致人们作出持有一定数额现金决策的影响力方面，主要取决于收入的多少，以及收入和支付期的长短。严格地说，货币的收入流通速度这个概念只有在这种场合才是适用的。

2. 经营动机。和个人一样，企业也需要持有现金以便在利润到来之前作为业务开支。经营者所持有的在进货和销售之间作为支付之用的现金也属于这一种类。这种需求的强弱程度主要取决于当期产量的价值（从而取决于当期收入）以及销售产品时所需要经过的环节。

3. 谨慎动机是为了应付突然出现的现金缺口，偶发事件总是时刻存在的，意外的有利的购买机会也需要我们有现金作为支付。为了持有货币价值不变的资产（货币）以便偿付未来货币价值额不变的债务也是持有现金的另一个动机。

以上三种动机的强弱程度，部分取决于需要现金时，能够借到款项的可能性，以及以这种暂时借款的方式取得现金代价的大小，特别是银行透支或类似透支方式的代价和可靠性，因为如果当一个人在需要现金的时候，能够不费吹灰之力就得到现金，那么它就没有必要持有闲置的现金了。

上面三种动机的程度如何，部分也取决于被我们称为持有现金的相对成本的经济学术语。如果持有现金必须要牺牲对有利可图的资产的购买，那么，这会减少成本从而增强持有现金的动机。然而，除非持有现金的成本也会发生很大的变动，否则这只能算是一个次要的因素。

4. 投机动机比其他动机需要进行更详尽的讨论。对于投机动机，人们往往缺乏充分的理解，而且因为货币数量的改变所导致的后果也具有特殊的重要性，投机动机则更有必要被充分的了解。

持有现金的投机动机

在正常情况下，为满足交易动机和谨慎动机所持有的货币数量，只是经济体系一般活动和货币收入水平所导致的结果。然而，正是因为能利用投机动机的影响，所以对货币数量的控制（或者是在不施加控制的情形中，货币数量的自我变动）才能对经济制度施加影响。这是因为，为满足前两个动机而导致的对货币的需求，除去对通常的经济活动和收入水平变动的实际反映之外，一般不受任何影响。

我们的经验也表明：满足投机动机而导致的货币需求总量，却常常表现出随着利息率的逐渐变动而不断地变化。也就是说，存在一条连续的曲线，它显示出满足投机动机对货币需求量的变动和由债券价格的变动与不同期限的债务所决定的利息率变动之间的关系。

如果这种关系并不存在，那么“公开市场业务”就不可能实行。前面已经指出，经验表明存在上述具有连续性的关系，原因是在正常情况下，整个银行制度实际上总能够在市场上通过少量提高（或降低）债券价格来购买（或售出）债券以换取现金。

银行制度想要通过购买（或售出）债券或债务而创造（或吸纳）的现金数量越多，利息率的下降（或上升）就越大。当然，在公开市场业务的买卖仅限于短期债券的环境中，它的影响主要限于短期的利息率，而对于更为重要的长期利息率只具有很小的影响。

在讨论投机动机时，重点在于如何区分在流动性偏好没有改变的条件下，因为能满足投机动机的货币供给量的改变，而造成的利息率变动，以及主要是由于能影响流动性函数本身的预期的改变而造成的利息率的变动。

“公开市场业务”是能影响这两种情况中利息率的，因为它不仅能使货币数量发生变动，而且还能引起公众对中央银行或政府未来政策预期的改变。由于信息变化所产生的预期变动而导致的流动性函数本身的变化常常是非连续性的，所以相应地，它所导致的利息率的变化也并非连续。只有当信息的变化被不同的人作出不同的解释时，或信息的变化对个人利益的影响不同时，债券市场上的交易活动才有可能增多。如果信息的变化对每个人的判断和做法的影响完全相同，那么，用债务和债券的价格所表示的利息率就会立即被调整到与新情形相适应的状态，而

▶ **欧洲中央银行**

中央银行是各经济体的发钞机构，通过调节货币的数量等手段，实现对金融和利率市场的控制。

无须任何市场交易。

因此，对于每个人来说都是同样的情形，境况或者预期的变化不会导致货币在社会的任何转移——它将只会使利息率发生必要的变动，这刚好足以抵消每个人在原来的利息率水平下，为适应新的境况或预期而改变持有现金量的欲望。

而且，因为在环境和预期改变的情况下，每个人都会改变其关于利息率的心态，从而导致他们会以同等程度改变所持有的现金量，因而不会发生现金转手的交易。对应于每一种环境和预期状态，就必然有一个相对应的利息率，而且不会有任何人改变他通常所持有的货币量的问题。

但一般来说，环境或者预期的变化会给个人带来持有货币量的某种调整，因为，事实上这种改变对不同的个人在理念上会有不同的影响。其部分原因在于所处的境况不同，人们持有货币的理由也不同；部分原因在于信息和对新情形的解释不同。

所以，新的均衡利息率会与货币持有量的再分配同时出现。尽管如此，值得我们注意的是利息率的变化，而不是现金持有量的再分配。后者是由于个人之间的差异而产生的现象，而在上述最简单情形下出现的现象才是实质所在。进一步来说，即使在最常见的情况下，利息率的变动通常是对信息的变化所作出的主要的反映。正像有些报纸经常所说的那样，债券价格的变动“与债券交易活动相比，大到不成比例的地步”，这正是合理的情形，因为人们在对于信息的反映上，共性要远远超出个性。

现金数量与投资偏好

个人为满足交易动机和谨慎动机而持有的现金数量，与为满足投机动机而持有的现金数量并非完全无关，但作为一种粗略的但也尽量保证准确的说法，我们可以把这两组现金持有量看作完全无关的。因此，基于进一步分析的目的，我们就按照这种方式对我们的问题展开来讨论。

这里，我们以 M_1 为满足交易动机和谨慎动机所要持有的货币量，以 M_2 为满足投机动机而持有的货币量。那么，对应于这两类现金，我们有两个流动性偏好函数 L_1 和 L_2。L_1 主要由收入水平决定，L_2 则取决于当期利息率和预期状态之间的关系。因此就能得出：$M = M_1 + M_2 = L_1(Y) + L_2(r)$。

在上面的公式里，L_1 是对应于收入 Y 的流动性偏好函数，决定着 M_1，L_2 是利息率 r 的流动性偏好函数，决定着 M_2。在这个公式里，有三个问题需要再行讨论：1. M 的改变与 Y 和 r 的关系；2. L_1 的形状由什么决定；3. L_2 的形状由什么决定。

对这三个问题的讨论，我进行如下分析：

首先，M 的改变与 Y 和 r 的关系。这取决于 M 的改变是如何发生的，我们假设 M 由金币构成，那么 M 的改变只能来自金矿开采者劳动结果的增加，金矿开采者又处于我们所考察的经济制度之内。在这种情形下，M 的变化直接与 Y 的变化相关联，因为新开采出来的黄金总会成为某些人的收入。

如果 M 的改变来自政府为满足其当期开支而增发纸币，持有现金的情形则正好相同——在这种情况下，新发行的纸币也首先会成为某些人的收入。然而，新的收入水平不会继续维持在充分的高度，使 M_1 能够吸收 M 的全部增量，因为货币增量的一部分会寻求出路，即用以购买证券或者其他资产，直至 r 下降到这样的程度，以致 r 的降低在一方面所造成的 M_2 的增长以及 r 的降低在另一方面通过 Y 上升所造成的 M_1 的增长等于 M 的全部增长量时为止。由此可见，这种情形接近于下述的另一事例，那就是：要想发行更多的新货币，必须首先放宽银行体系的信用条件，以便诱使某些人向银行出售债券以换取新发行的现金。

所以，我们有把握把后一种情况当作典型。我们可以假定，改变 r 可以改变 M，而且 r 的改变还会部分地通过 M_2 的改变和部分地通过 Y 的改变，从而通过 M_1 的改变引出一个新的均衡。在这个新的均衡点，新增现金（新增的 M）在 M_1 和 M_2 之间的分配将取决于投资对利息率的降低的反映，以及收入对投资增加的反映。由于 Y 部分地取决于 r，所以 M 的给定量的改变必然会使 r 产生足够程度的变动，以便使 M_1 和 M_2 各自变动的相加等于该给定量的 M 的变化。

其次，货币的收入流通速度被定义为 Y 对 M 的比例，还是 Y 对 M_1 的比例。

关于这个问题，理论界一直不是特别清楚，但我的主张是用后一个定义。因此，如果V代表货币的收入流通速度，那么就可以得出公式：$L_1(Y)=Y/V=M_1$。

当然，在这里我们没有理由假设V是固定不变的。V的取值取决于银行业和工业组织的特点、社会习惯、不同阶层之间的收入分配以及持有闲置现金的实际代价。尽管如此，如果我们从短期的观点来看，并且能够有把握地假设任何这些因素都没有实质上的变化，那么我们就可以把V当作一个常数来看待。

最后，关于M_2和r之间的关系问题。在本章第三节我们已经看到：对利息率未来变化的不确定性，是关于人们为什么持有代表流动性偏好L_2的M_2中现金部分的唯一合理的解释。因此，给定量的M_2和一定水平的利息率r之间并没有确定的数量关系——在这里，人们关注的不是r的绝对水平，而是r的绝对水平被认为是偏离r的比较安全水平的程度。比较安全的r的水平是运用概论计算出来的。尽管如此，还有两个理由认为，在任何既定的预期状态下，r的下降会同时伴随着M_2的增加。

首先，如果通常关于什么是r的安全水平的观点不变，那么r的每一次下降都会减少市场利息率相对于“安全”利息率的取值，从而使放弃流动性偏好的风险增大。其次，r的每次降低都会减少放弃流动性偏好的当期报酬，这种报酬可以被看作一种保险赔偿金，用以抵消资本账目蒙受损失的风险。减少的数额等于新旧利息率的平方之差。

例如，长期债券的利息率如果是4%，那么只有在根据概论考虑得失的基础上，才能认为放弃流动性偏好而持有债券是合适的。显然，除非长期利息率的增长快于债券利息率的4%，假定超出份额也是4%，那么每年的增长就大于0.16%，那么利息收入大于资本账目上的损失，流动性偏好不会被改变。否则，社会宁愿放弃流动性偏好而获取债券的利息。而如果利息率下降到一半，也就是2%，那么每年的利息收入所能抵销的利息率上升的幅度仅为每年0.04%，这也许是阻碍利息率下降到很低水平的主要原因。除非人们有理由相信未来的情况会和过去大不相同，那么已经很低的利息率会使他们对利息率将来会上涨的忧虑大于利息率将来会下降的希望。同时，这种低水平的利息率所提供的利息收入只能在很小的程度上抵消利息率上涨给人们所带来的忧虑。

长期恒定的利息率

综上所述，我们可以看到，利息率是一个具有高度心理作用的现象。读者也将会在后面的章节中了解到，利息率的均衡值不会低于它对应于充分就业时的水平，因为当它低于充分就业水平时，真正的通货膨胀就会出现，其后果为：M_1 总会吸纳掉日益增加的现款。

不过，当利息率高于对应充分就业的水平时，长期利息率不仅取决于货币管理机构的现行政策，还取决于市场对货币管理机构未来可能出台的政策的预期。短期利息率容易被市场管理者所控制，一方面的原因在于，货币管理者容易让人们相信，其政策在较短的时间内不会有太大的变化；另一方面的原因在于，除非利息收入接近于零，否则，利息收入总量是大于资本损失的。

但是，当长期市场利息率下降到人们根据过去的经验和对未来货币政策的预期而普遍被认为是“不安全的”水平时，利息率就会变得比较难以控制。例如，在一个同国际金本位相关联的国家中，利息率低于其他任何国家的市场利息率会被认为是由于缺乏信心所导致的。但是，该国国内的利息率却可以人为地提高到与属于国际金本位体制中国家的最高市场利息率相等的水平（扣减风险之后），这个水平远远高出与国内充分就业相容的地步。

所以，被公众认为具有实验性的或者容易改变的货币政策，在实现其较大地降低长期利息率的目标上，可能是失败的，因为当 r 降低到一定水平以下时，M_2 可以几乎无限制地增加。另外，同一政策如果被公众认为是合理的、当下可行的、合乎公众利益的、被当局不断改进而不能轻易改弦易张的，就很容易取得成功。

与其说利息率是一种具有高度心理内涵的现象，倒不如更准确地说，利息率是一种高度遵循现行成规的现象，因为它的取值在很大程度上取决于当下流行的观点认为它应该是多少。

任何一个利息率水平，只要有足够的信心认为可以是长久保持的，它就一定会长久保持下去。当然，在一个变动的社会里，由于各方面的原因，利息率

▶ 布雷顿森林会议

1944 年 7 月在美国新罕布什尔州布雷顿森林的华盛顿山大旅社举行的布雷顿森林会议，确立了美元的世界货币地位。

会以一种围绕恒定值上下波动的态势，当 M_1 的增长比 M 的增长更快时，利息率就会上升，反之，利息率就将下降。但作为利息率波动中心的恒定值，却可能在十几二十年的时间里维持在一个长期稳定的状态，并长期处于对于充分就业来说十分高的水平。

到这里，我想读者应该都已经明白，要想把有效需求维持在足以保证充分就业的水平，困难在于：一方面是由社会成规决定的相当稳定的长期利息率；另一方面是易于变动而且高度不稳定的资本边际效率。

我们持乐观的态度来考虑这件事，给我们带来宽慰的希望在于：正是因为社会成规并以确切的知识为出发点，所以它对货币管理者持续而一贯的有限度的政策措施并不总是过分地加以抵制。公众的观点能相当习惯于利息率的温和下降，从而社会成规能相当迅速地适应利息率的温和下降，因而在下降后的基础上，社会成规对未来的预期也会作出相应的调整，这样就会为进一步的下降铺平道路，当然，这一切也只有在一定的范围内才能做到。

英国在脱离金本位之后的长期利息率的下降，为我们提供了一个有意义的例证。利息率的主要变动是通过一系列间断性的下降而得以实现的。随着利息率每一次的下降，公众的流动性偏好函数会渐渐地与之相协调，从而让大众在心理上做好准备，以便能对再一次下降的信息或管理机构的政策的刺激作出及时的反应。

货币管理者与利息率

对于上述的所有结论，我们可以总结成一个命题，那就是在任何给定的预期状态下，在社会大众的心里，存在有超过交易动机或者谨慎动机所要求的持有现金的潜在欲望。由于这个欲望而持有的现金数量取决于货币管理机构创造货币时的利息率，而流动性偏好函数 L_2 所总结的正是这种潜在的欲望。

因此，在其他条件都不便的情况下，对应于货币管理机构所创造出来的货币量，有一个已被决定了的利息率，或更严格地说，存在一个已经被决定了的不同期限的债券的利息率体系。除货币数量之外，经济体系中的其他任何一个要素独立出来，其变动同样会影响利息率。所以，这里的特定分析只在这种情况下才有用和有意义，那就是在货币数量的变动和利息率的变动之间有着某种特别直接和重要的联系。我们做这个设想源自这样一个事实，就是银行制度和货币当局大致上都是货币和债券的交易者，而不是资产或消费品的交易者。

如果货币管理机构准备根据特定条件买卖所有期限的债券，或更准确地说，准备买卖具有不同风险程度的债券，那么利息率体系就和货币数量之间具有较为直接的关系。利息率体系只是银行体系准备购买或者出售债券的条件的外在表现，而货币数量则构成个人手中持有的货币。个人对所有相关情况加以考虑之后，宁愿持有更具流动性的现金，也不愿按照市场利息率所计量的条件用现金去购买债券。在货币管理的基础上，最重要的实际操作的改进或许是由中央银行按照规定的价格购买和销售一切期限的优质债券，而不是按照单一的银行利息率买卖短期票据。

但是在现实社会中，银行系统所决定的债券价格不可能真实地作用在市场上，也就是从银行系统支配债券的实际市场价格的意义上说，不同的体制是有差异的，有时对债券价格的控制在一个方面比另一个方面更有效。

也就是说，银行系统可以按照某种价格购买债券，而不必按照与买价不相上下的价格来出售债券。虽然没有理由说明为什么借助公开市场业务不能在买与卖这两方面都有效，但这里有一个重要的限制，就是在一般情况下，货币管理机构是区别对待不同期限的债券的。在现实中，货币管理机构经常倾向集中于短期债券，而把长期债券的价格留给过时了的和反作用不完全的短期债券的价格去施加影响。在这些限制发生作用的地方，利息率和货币数量之间的关系的方向会相应地受到影响。在英国，管理机构有意控制的领域似乎在扩大，但是在特殊场合应用这种理论时，必须要顾及货币当局在现实中所使用的政策的

▶ 广场协议发布会

1985年9月22日，美国、日本、联邦德国、法国及英国的财政部部长和中央银行行长在纽约广场饭店举行会议，达成五国政府联合干预外汇市场的决议，广场协议发布后，日元大幅升值，并最终导致了日本经济的崩溃。

特点。如果货币当局只经营短期债券，那么，我们就必须考虑短期债券现在和将来的价格对长期债券所造成的影响。

由此可见，货币管理机构对不同期限和风险的债券建立任何一整套利息率体系，都是存在某些限制的。对此，我们可以概括如下：

首先，来自货币管理机构本身的限制，因为货币管理机构只愿意经营某种特殊类型的债券。

其次，由于上面已经论述的原因，存在一种可能性，就是利息率下降到某种水平后，导致多数人都宁可持有现金而不愿意持有债券。从这个意义上来说，流动性偏好变成无限小几乎是确切无疑的，因为债券所提供的利息率过低。在这种情况下，货币管理机构可能会失去对利息率的有效控制。虽然这种极端情况在将来可能演变成一种重要的情况，但直到现在，还没有什么具体事例，可以证明它。诚然，由于多数货币管理机构不愿大胆地经营长期债券，所以也就没有更多的机会来对此进行检验。此外，如果这种情况真的出现了，那么就意味着政府本身可以以十分低的利息率向银行系统无限制地借款。

再次，因为流动性偏好曲线变成了一条水平线，利息率完全失去稳定性的最显著的事例，曾经在很不正常的情况下出现过。比如，在第一次世界大战之后的俄国和中欧，都曾出现过严重的通货危机或者逃避通货的状况。在当时，不论以什么条件都无法诱使人们持有货币或者债券，极高的或者不断上升的利息率都赶不上资本边际效率在预期货币价值有较大下降影响下的增长。与此同时，在1932年的美国，也曾经有过相反种类的金融危机或者流动性危机，当时，很少有人在合理的条件下能够被诱使放弃他持有的货币。

最后，在本章第一节我们讨论过的，把有效利息率降低到一定数值的困难。

这种困难在低利息率时代是有重要作用的，这些困难包括：把借款者和最后的贷款者拉到一起的中间成本，贷款者所要求的在纯利息率之上的风险费用，特别是道德风险费。当纯利息率下降时，上述费用和风险并不一定会随之下降。因此，典型的借款者所必须支付的利息率下降的可能要小于纯利息率的下降，而且通过现有银行业和金融组织的方法，也不能把利息率压到低于某种最小的数值。

如果对于道德风险的估计较高，那么这一点就尤为重要了，因为如果风险是由于贷款者对借款者的诚信产生怀疑，那么即使在借款者的心目中没有不诚实的打算，也无法抵消取得贷款的高额费用。这一点在短期借款（如向银行借款）也很重要，因为这种借款的费用是很高的，即使贷款者的纯利息率接近于零，银行还会向它的顾客索取 1.5% ~2%的费用。

虽然这个主题属于后面我们要讨论的内容，但在这里先对上述与货币数量论有关的问题作一个简短的说明还是有意义的。

在一个相对稳定的经济社会，或者在一个社会里没有人因为任何理由而感到不能确定未来的利息率，那么流动性偏好函数 L_2，或者储存货币的倾向在均衡状态时总是等于零的。所以在均衡状态下，$M_2 = 0$，而且 $M = M_1$，从而，M 的任何变动将使利息率发生波动，直到收入达到这样一个水平，在该水平中 M_1 的变动等于所设想的 M 的变动。

现在，$M_1V = Y$，其中 V 是前面已经定义过的货币的收入流通速度，Y 是总收入。这样如果在现实中可以衡量当期资产量 O 和价格 P，那么我们会得到 $Y = OP$，从而 $MV = OP$，这和传统形式的货币数量论大体是相同的①。

从解释当下经济世界的目的来说，货币数量论的最大缺点在于，它没有能够区分由于产量的变化而引起的价格变动与由于工资单位的变动而引起的价格变动。这种粗略的解释或许来自货币数量论的解释，就是假设没有储存货币的倾向，还假设充分就业是恒定的前提。如果情况是这样，则 O 成为常数，M_2 为零，那么，假设 V 也是常数，则工资单位和价格水平都会直接与货币数量成

① 如果我们不把V定义为 Y/M_1，而定义为 Y/M，则货币数量论当然就是一个在一切情况下都能成立的真理，虽然它没有现实意义。

比例。

第六节
资本的性质

个人将当下可以供消费的能力存储起来，便形成了储蓄，而这种储蓄必然要为人带来好处。储蓄以资本的形式存在，在资本的使用寿命内，会产生一笔超过其原有成本的收益，而这种收益便是资本的利润。

资本的利润会因为资本的稀缺性变化而变化，当一个社会的资本处于稀缺状态时，资本的利润会增加，但当社会资本处于饱和状态时，资本的利润率便会不断下降，直到接近于零。这个时候，与其进行储蓄，不如用来进行当下的消费。

储蓄的决策

打一个形象的比喻，个人的储蓄行为，类似于今天是否吃饭，而并非一年之后要不要去买一双皮鞋。

从这个角度来讲，个人的储蓄行为抑制的是供应今天用餐的商业活动，同时又没有为刺激未来消费行为的商业活动做好准备。

个人的储蓄并不是把将来的消费需求代替成现在的消费需求，而是一种需求的净减少。除此之外，人们对未来消费的期望要严重依赖当期的消费经验，以至于当期消费的减少可能会给未来的消费造成负面的影响。结果，储蓄行为不只会压低消费品的价格，从而让当期的资本边际效率恒定不变，而且还会在压低消费品价格的同时，降低资本边际效率。这样，储蓄行为除了会减少当期消费需求之外，还会减少同一时期的投资需求。

如果，储蓄需要的不仅仅是放弃当期的消费，同时还意味着要对未来消费进行抑制，那么它对未来的影响的确是很不相同的。因为在这种情形下，对投资所得到的未来收益的预期会有所增加，并且从准备供给当期消费所用的资源中释放出来的部分可以转移到准备供给未来消费之用。不过即使在这种情形下，准备供给未来消费之用的部分，在规模上并不会等于释放出来的资源数量，因为人们愿意推迟消费的间隔时期，可能要求生产方式处于一个很不方便的程度，不方便倒会使为未来消费而生产的资本的边际效率低于当期利息率。结果，为未来消费而预先下的订单对就业可能产生的有利影响不能立即实现，而要等到今后的某个时刻才能表现出来，所以，储蓄的当下影响对就业仍然是不利的。

但在任何情况下，个人对于是否储蓄的决策，是不会包含对未来消费预先下的订单的，而只是代表对当期订单的取消。从这个角度来看，由于对消费的期望是对就业存在的唯一理由，所以不难理解在其他条件不变的情形下，消费倾向的降低会对就业量的增加产生负面的影响。

到这里问题就产生了，因为储蓄行为中不包含某些特定的额外消费，以至于能够代替当期的消费，而这种特定的额外消费所配套的当期经济活动量又能等同于由于储蓄而减少的当期消费所配套的经济活动量。不过，储蓄代表的只是得到“财富”的一种欲望，只是为了得到在随意的时间消费随意物品的一种潜在选择。有一种普遍存在的错误看法认为，对有效需求来说，个人的储蓄行为和消费行为一样是有益的，这种错误的看法来自一种看似合理的谬论，那就是持有财富欲望的增加和持有投资品

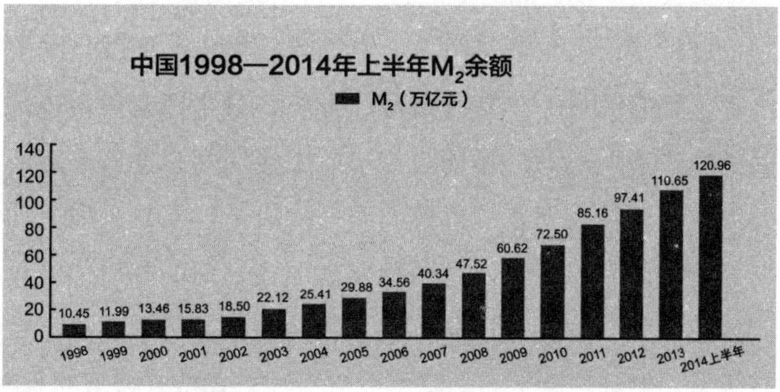

▶ 中国广义货币M_2的增长

广义货币 M_2 包括流通中的现金、企业留存的现金、定期存款、居民储蓄存款、其他存款等，反映的是现实和潜在购买力。

的欲望的增加是同一件事。对投资品需求的增加一定会刺激投资品的生产，从而个人储蓄对当期投资的推动与当期消费的减少对当期投资的推动是同等程度的。

想要让人们认识到这种观点是一个谬误是很难的，因为这种谬论源自人们相信——占有财富的人相对于财富本身，更看重的是财富的未来收益。未来收益完全取决于对未来有效需求和未来供给情况之间关系的预期。所以，如果储蓄行为对促进未来收益没有帮助，它也就没有办法来刺激投资。而且，某一个储蓄者要想达到成为财富所有者的目标，不必非要有新的产品生产出来以满足他的愿望。正如我们在前面章节已经指出的那样，个人的单纯储蓄行为具有两面性：一个人储蓄会迫使另一些个体转移某些旧的或新的财富给他，因而，每一次储蓄行为都包含着“强迫的”不可避免地将财富转移给储蓄者，而该储蓄者反过来也会将财富转移给别的储蓄者。这些财富的转移不需要有新财富的创造。诚然，就像我们已经看到的那样，这种财富在人与人之间的转移有时甚至对新财富的创造是有害的，人们对新财富的创造，完全有赖于新财富的未来收益能否达到当期利息率所决定的水平。边际新增投资的未来收益不会因为某人意图增加其财富而增加，因为边际新增投资的未来收益又取决于在某一特定日期对某一特定物品的需求的预期。

上面的结论是不能用这样一种论证来否定的，就是财富的所有者所希望的不是固定量的预期收益，而是一切尽可能更好的预期收益，所以拥有财富意愿的增加会使新投资品的生产者所期待的预期收益减少。

这种错误的论证忽略了一个重要的事实，那就是除了拥有实际的资本资产之外，还有另外一个持有财富的方法，就是拥有货币或债券，从而使新增投资品的生产者所满意的预期收益不低于当期利息率所决定的水平。而当期利息率并不取决于持有财富的意愿，而是取决于财富是采取流动性形式还是非流动性形式持有的意愿，以及这两种财富形式之间的相对供给量。读者如果至此仍感到困惑的话，那么可以问自己一个问题：当货币数量不变时，为什么新的储蓄行为在当期利息率下，会降低以流动性形式持有财富的意愿？

当读者试图进一步探讨为什么和什么原因时，更深层的疑问就会出现在读者的脑海中，而关于这些，我们会在以下部分进行论述。

资本的未来收益

与其说资本具有生产性，倒不如说资本在其使用寿命中，会产生一笔超过其原有成本的收益。为什么一项资产在其使用寿命中能提供一种服务，从而使其总价值大于它的成本价格呢？这里唯一的理由是，其资本能维持稀缺性，因为要获取购买资本品的货币要支付利息。如果资本的稀缺性变得较少，超额收益就会减少，但它的生产性并没有减少。

因此，我赞同古典经济学派以前的理论，就是每一件物品都是由劳动生产出来的，然后再加上以下几点：

第一，过去被称为工艺而现在被称作技术的事物；第二，自由取用的或者按照它们的稀缺或丰裕程度而支付代价或者租金的自然资源；第三，体现在资产中的并且根据其稀缺或丰裕程度而支付代价的过去的劳动成果。

所以，最好是将雇主及其帮手们的个人服务包括在劳动之内，作为一种独立的生产要素，在既定的技术环境、自然资源、资本设备，以及有效需求的条件下发挥作用。这样我们就能够对为什么在货币单位和时间单位之外我们把劳动单位作为经济体系中所要求的唯一实物单位作出部分解释了。

在某些周期较长或较为烦琐的生产过程中，物质上的效率的确会显示出来，但某些周期较短的生产过程也是如此。有些生产过程并不是因为生产周期长而具有物质上的效率，有些生产周期长的生产过程甚至缺乏物质上的效率，由于时间长而造成损失或者浪费。

在一定劳动力的数量之下，体现在能够被用于有益于烦琐的生产过程的劳动数量是有限的。抛开其他因素不谈，在被雇用于生产机器的劳动数量和被雇用于使用这些机器的劳动数量之间，必须维持一个合适的比例。

当生产过程变得越来越烦琐，甚至如果它们的物质效率仍然在增长，相对于所使用的劳动量来说，产品的最后价值量也不会无限增加。只有推迟消费的欲望强烈到足以造成这样的背景，在这个背景下，充分就业所要求的投资量大到使资本的边际效率成为负数时，一个生产过程才会仅仅由于时间长而有利可图。在这种情况下，在物质上缺乏效率的生产过程只要具有足够的时间长度，以致能使推迟消费所带来的利益大于生产过程的效率低下，我们才应该采用这种生产过程。而实际上，我们会处于这样一种状态，在这种状态下，短期的生产过程必须保持足够的稀缺性，以便它们的物质效率能够超过由于提早生产而可能遭受的损失，所以，正确的理论必须经得起正反两个方面的推导，即把对应于利息率是正值或是负值的资本边际效率的不同情形都能概括进去。我想，只有上文概述的稀缺性理论才能做到这一点。

再进一步讲，还有很多理由可以说明，为什么劳务和设备相对于包含在其中的劳动量而言是较为稀少且昂贵的。

例如，在环境较为恶劣的生产当中，雇主必须要支付较高的劳动报酬，因为如果不这样的话，人们就不会愿意从事这项工作。有其他风险的生产过程也是同样的。但是，我们不能创造一个恶劣的环境或有风险的生产过程的生产率理论。总之，读者要了解，并不是所有的劳动都可以在同样令人满意的环境下完成，均衡的条件要求在不太令人满意的环境下生产出来的物品必须保持足够的稀缺性以获取高价。但是，如果时间的流逝变成一种令人满意的工作环境——这是一种十分可能的情况，并且，许多人都已经这样做了——那么，就像我在前面所说过的那样，这就是必须充分地保持稀缺的周期短的生产过程。

当生产过程最优的反复性的比例给定时，我们当然要选择最有效率的生产过程，我们可以使它达到所要求的总数。所谓适度的数量，是指能够在适当的日期提供给消费者以满足他们已延迟了的需求。也就是说，在合适的情形下，生产应该被这样组织起来，以使生产在最有效率的状态下进行，并且能够在消费者的需求变成有效需求的日期交货。为在与此不同的日期交货而生产是没有用的，即使改变交货日期可以增加实物产量。

这里我可以举个例子：一顿丰盛的饮食可使消费者提前或者延迟用餐以外，如果听说在不同时间开始的盛宴的全部特殊内容后，消费者决定在八点钟用餐，那么，厨师的职责就是要在那个时间前提供出菜肴来。然而，对于厨师来说，如果不考虑具体时间，那么不管是七点半、八点用餐，都是无所谓的，他唯一的任务就是作出绝对上等的饭菜。在某种社会生活状态下，开饭的时间晚一点儿，我们可能会得到比较好的饭菜。这我在上面已经提过了，一种理论必须能够适用于两种可能性。

如果利息率为零，那么对于任何一个物品来说，在投入生产要素生产该物品的平均时期和消费的平均时期之间，有一个最优的时期间隔。所谓最优的时期间隔，指的是此期间劳动成本是最低的。

▶ 加班的人

促使人在恶劣的环境下工作，或者对工作进行额外的付出的，必然是高于正常水平的回报率。

短于最优时期间隔的生产过程可能会由于技术原因而具有较低的效率，而长于最优时期间隔的生产过程则会由于储藏费用和实物陈腐而导致低效率。

然而，如果利息率大于零，那么就会出现新的成本项目。由于这一成本项目会伴随生产过程的时间延长而增长，因而生产的最优时期间隔将会被缩短。同时，为了未来该物品的交货而当期投入的生产要素也必定会减少，直到该物品的未来价格提高到足以弥补成本增加的程度为止。

成本的增加一方面来自利息费用，另一方面来自由于缩短生产过程而带来的效率降低。如果利息率下降到小于零的程度，那么情况就刚好相反。当消费者未来的需求既定时，今天把生产要素投入生产可以说和另一可供选择的办法，即在较后的时期投入生产相互竞争。结果，只有当推后日期的生产，由于较高的技术效率和未来价格的变化而得到的收益不足以弥补从负利息率中得到的微小回报时，现在开始生产才是值得的。对绝大多数物品而言，如果想要在比未来消费日期以前的适当时期还要长的时间来开始生产，就会导致技术上较为严重的低效率。这样，即使利息率等于零，要想在事前为未来的消费需求进行有利可图的生产，提前生产的比例就应该具有一个严格的限度，当利息率上升时，今天为未来的消费需求进行生产所占的比例也会随之缩小。

资本与社会富裕

到了这里，读者应该可以看出，资本必须在长时期内保持足够的稀缺性，才能让资本的边际效率在它使用寿命期间内至少等于利息率的水平，而利息率则由大众心理和经济政策的状况决定。这可能会导致具有下述特征的社会出现什么问题呢？

这个社会发现它的资本设备是非常充足的，所以资本的边际效率几乎为零，而且当有追加投资时，利息率还将是负数；同时，它还具有一个货币制度，使货币被“保存”起来的储存费用为零，以致在现实中利息率不能是零。那么，在充分就业的情形下，该社会还会倾向于进行相当比例的储蓄吗？

在这种情况下，假设我们以充分就业为前提，如果雇主们继续以利用当期全部资本存量的规模来提供就业，那么对他们来说一定是不利的。因此，资本存量和就业水平都必须要下降，直到总储蓄量等于零时为止。这时，社会上的某些个人或者集体的储蓄会被另一部分人的负储蓄所抵消。由此可见，对我们所设想的社会来说，在自由放任的条件下，均衡就是就业处于足够低的水平，生活水平足够贫苦以至于人们没有钱拿来储蓄。更可能的情况是，围绕这一均衡的状况产生周期性波动，因为如果社会对未来仍然存在不确定性，经济活动也自然会有所波动。资本的边际效率有可能偶然地上升到零以上，从而把经济引向“繁荣”。在因此而来的“萧条”中，资本存量在一段时间内可能下降到使资本的边际效率长期处于低于零的水平。我们假设对将来的预见是正确的，那么，边际效率正好为零的、处于均衡状态的资本存量必然要小于能够使现有的劳动者充分就业的资本量，两者的差额会使一部分人失业，从而能确保让储蓄再度为零。

在这里，还存在另一种均衡，它是这样一种情况：资本量大到足以使边际效率为零，代表着财富量也大到足以满足公众在充分就业和没有以利息形式的红利的情况下所愿意为未来储备的数量。但这又是一个不可能的巧合，因为在充分就业条件下的储蓄倾向，不一定正好在资本存量达到其边际效率为零时得到满足。所以，如果这一比较有利的可能性果真能够发生补救作用的话，那么它的作用可能发生之处并不是利息率为零的一点，而是在利息率为零之前的某个逐渐下降的点。

在上文中，我们曾经假定制度因素使持有货币的费用微不足道，从而可以阻止利息率成为负值。但在实际的情况下，制度因素和心理因素才是让利息率的下降被限制在远高于零水平的决定性因素。特别是我们在前文已经考察过的，把借款者和贷款者连接到一起的费用以及对未来利息率的不确定性规定了一个利息率的下限。在当前情形下，长期利息率的下限或许是 2%或者 2.5%。如果这个说法被证明是正确的，那么在自由放任的情况利息率不可能进一步下降的条件下，财富量的增长难以实现的可能性，在现实中很快就会表现出来。此外，如果利息率实际上所能达到的最低水平明显地高于零时，则在利息率达到最低水平之前，要使整个社会积累财富的愿望得到满足就会更加困难。

第二次世界大战之后的英国和美国为我们提供了现实的证据，这两国的经济发展表明了为何积累的社会财富会如此之多，以至于资本的边际效率下降速度要快于利息率在当期社会制度和心理因素影响下所可能有的降低速度。这一情况在自由市场的社会条件下，妨碍了生产技术条件所可能提供的合理的就业水平和生活水平。

因此可以看到，两个技术完全相同，但在资本存量不同的社会，资本存量较少的那一个暂时可能享受到比另一个社会更高的生活水平，但当它追赶上资本存量较多的社会之后，那么这两个社会都会遭到希腊神话中那位贪财的祈求得到点石成金法术的迈达斯国王的厄运。

这个令人多少感到不安的结论取决于这样的假设：消费倾向和投资量都没有从社会利益出发人为地予以控制，而是让它们在自由放任的支配下自发地发展。

无论有何种理由，如果利息率的下降速度低于在一定资本积累率下的资本边际效率下降的速度，那么这个资本积累率相当于在充分就业条件下，社会所选定的与资本边际效率相等的基于一定利息率下的储蓄量。这样一来，即使把积累财富的愿意转向拥有实际上不能提供任何经济产出的资产，也会增加社会福利。

▶ 富丽堂皇的教堂

富丽堂皇的教堂虽然是对社会资源的一种浪费，但却往往可以让资本充裕损害产品充裕的发生得到延迟。

以亿万富豪为例，他们为了满足自己的欲望，在活着的时候建造豪宅，在死了之后修建金字塔，为了忏悔而兴建教堂、捐赠教会等，这样可以使资本充裕损害产品充裕之日得以推迟。

“在地上挖掘窟窿”，从储蓄中支付，不仅可以增加就业，还可以增加由有用的物品和劳务所构成的国民收入。然而，一旦我们理解了各种决定有效需求的国家，这自然便会放弃这种只是偶然起作用的，而且往往是浪费的方法，这也是一个明智的社会必然的选择。

理想社会下的资本利息率

这里，我们再做一个假设，人们已经采取了合适的利息率以符合充分就业下的投资量的要求，国家政策也已经作为一种控制因素使资本设备的增长接近饱和点，而且又使达到饱和点的速度不至于对当时人们的生活水平造成过分的负面影响。

在这种假设的基础上，我推测认为，一个运转良好、具有现代技术资源、人口增长速度正常的社会，在一代人的时期里，是可以把充分就业时的资本边际效率降低到大致为零的地步的。此时，人们将处于一个准静止状态的社会，在这种状态下，社会变化和进步将单纯来自技术、偏好、人口和制度的变革，资本产品的售价体现着与需求资本较少的消费品价格确定的相同原则，即价格与包含在产品中的劳动量等成比例。

我设想，如果使资本品充裕到使资本的边际效率为零是相对比较容易做到，那么这可能是逐渐消除资本主义的许多缺陷的比较好的方法，因为稍加思考就可以感觉到，积累起来的财富逐渐丧失一定的报酬率将会导致巨大的社会变革！一个人仍然可以任意地为了以后的支出而将其所赚取的收入累积起来。但是，如果他累积起来的财富不会增值，那么他便只能像波普之父那样，当他从工商业经营中退休以后，带着一箱畿尼回到他的家乡特威克南，以此来应付他的家庭开支。

▶ 英国货币畿尼

畿尼是英国传统货币单位，因最初是用几内亚的黄金所铸造而得名，1 畿尼可以兑换 1.05 英镑。

虽然，靠资本的利润为生的人将会消失，但在估计未来收益方面，仍然有企业管理和经营技巧发挥作用的余地。当然，不同人的意见也可以有所不同，因为上文所说主要是对把风险或者类似项目的报酬排除在外的纯利息率而言，而不是把风险或者项目的报酬包括在内的资产的毛收益。

因此，除非纯利息率被维持在一个负数上，否则因为对未来收益有疑问，从而导致的个人资产的有技巧的投资，仍然会有正面的收益。如果有不愿意承担风险的意愿，那么在一段时间内，这类总资产中也仍然会有正面的收益。然而，在这种情形下，由于有些人急于想从有疑问的投资中获得收益，结果可能会导致这种投资的净收益的总额仍然是负数。

第七节
利息和货币的性质

在以上章节的论述中，我们能够得到这样的结论，货币的利息率似乎对就业量水平具有某种特殊的限制作用，因为，如果资本资产是在当期生产出来，利息率就必须建立一个标准，以便为该资本资产带去一个必须得到的边际效率。

这个结论可能会令很多读者感到困惑，于是，一些关于这个结论的问题就出现了，例如：第一，货币对于其他资产的特殊性是什么；第二，利息率是否是货币独有的；第三，如果存在一个非货币经济，那么它到底会怎么样。我明白，要想让我的理论完全被读者所了解并接受，就必须要解答这些问题。

利息率的衡量标准

这里要提醒读者的是，利息率仅仅是一定数量的货币根据某种契约，以确保未来支付一定数额现金之间的百分比。所以我们似乎可以说，对每种资本资产来说，都存在一个类似利息率的东西。

我们以小麦为例，在一年之后小麦的交货量是一个确定的数量，当前的交货价值我们将它称为“现货”，现货交割为 100 夸脱小麦。如果一年以后交货的数量为 105 夸脱，那么我们就可以说，小麦的利息率为每年 5%。但如果一年以后交货的数量为 95 夸脱，则小麦的利息率为每年 –5%。这样一来，就像小麦的利息率一样，对于每一种具有耐久性的消费品来说，都有一个用它本身计量的利息率，如铜利息率、房屋利息率、钢厂利息率等。

对于小麦这样的商品，它的期货价格和现货价格的差额，同它的利息率是有一定关系的。但是，因为期货合同是以货币计量未来交割的市场价格，而现货的市场价格也不是用小麦来计量的，所以，这里就牵涉到货币利息率的问题了。对其中的确切关系，我们可以作如下的表述：

这里，我们假设小麦的现货价格是 100 英镑每 100 夸脱，而一年之后交割的期货价格却变成了每 100 夸脱需要 107 英镑。与此同时，我们假设货币的利息率为每年 5%，那么，小麦的利息率是多少呢？既然 100 英镑的现货能买到 105 英镑的期货，而 105 英镑的期货将买到 98 夸脱小麦的期货。那么，也就是说，100 英镑的现货能买到 100 夸脱小麦的现货，而 100 夸脱小麦的现货只能买到 98 夸脱小麦的期货，这样，小麦的利息率就是每年 –2%。

由此我们了解到，不同的商品有不同利息率是理所应当的。因为从市场上

▶ **麦田与麦秸**

小麦生产是英国农业的象征，在英国早期的农业中，大部分耕地都是被用来种植小麦的。

的价格来看，现货与期货合同的差别对于不同商品来说显然一定是不相同的。我们可以发现，这种差别会给我们正在寻求解答的问题提供线索。线索可能是：每一种商品自身的利息率中，真正起作用的很可能是最高数值的利息率，因为，只有资本的边际效率必须达到这个最高数值，自身的利息率才能驱使雇主们将资本品生产出来；同时，线索又在于，有理由说明为什么货币利息率取最大值。因为，像我们即将看到的那样，某些力量在减少其他资产的自身的利息率中起作用，但在货币的情况下却不起作用。

这里也可以做一个补充：就像任何时候都存在不同的商品利息率一样，货币经营者也都熟悉这个事实。甚至用两种不同的货币，如英镑和美元计量的利息率也不一样，因为用英镑计量的外国货币的现货价格和期货价格的差异，对不同的外国货币来说，一般是不同的。

那么，任何一种商品可以具有货币一样的功用，即用来衡量资本的边际效率，因为我们能够用任何我们选择的商品，如用小麦来计算任何资本资产的未来收益的小麦价值，并且使这一系列小麦年金的当期值等于用小麦计量的资产的当期供给价格的贴现率，就是用小麦计量的资产的边际效率。

如果预期可以作为衡量标准的两种商品的相对价值是固定的，那么无论这两者中哪一个作为标准来衡量，每一项资本资产的边际效率也都必然是相同的，因为在计算边际效率的公式中，分子与分母是按照同一比例变化的。但是，如果这两者其中之一用另一种来计量的价值预期可能会变化，那么依照哪一种作为衡量标准，资本资产的边际效率就按其变化的同一百分率变化。

下面，我来用一种最简单的例子来说明这一点。假设作为两种衡量标准之一的小麦，预期其货币价值将稳定地按每年 a%的比例上升，而假设另一项资产以货币计量的边际效率为 x%，换成用小麦来计量即为（x–a）%。由于所有资产的边际效率会按同一量值改变，因而不论选择哪一种衡量标准，它们的边际效率大小量的顺序是不变的。

即便是某种复合商品，它往往也可以作为一个代表。那么，我们就可以将这种用商品衡量利息率和资本边际效率来作为这个商品唯一的利息率和资本边际效率。当然，如果真这样做，我们应该会遇到与建立唯一的价值标准同样的困难。

因此，截至目前我们看到的是，相对于其他利息率来说，货币利息流程并不是唯一的，而是和其他利息率处于完全相同的前提之下。那么，前面章节所赋予货币利息率在现实中具有支配地位的重要性，又来自什么呢？为什么产出量、就业量和货币利息率会密切地联系在一起，而不是和小麦利息率或者房屋利息率密切联系在一起呢？

资产的三种性质

这里，让我们来看一下不同商品利息率在同一个时间段，对应不同类型资产可能会发生的情况。由于不同的商品会依次被作为衡量的标准，所以每种商品的报酬也就必须用它自身的数量来衡量。

不同类型的资产在不同程度上具有三种性质，分别是：

1. 进入生产过程或者为消费者提供服务，资产生产出一个用其自身计量的收益或者产量 q。

2. 除了货币，大多数的资产无论是否被用作生产以取得某项收益，都会因时间的推移而发生某种损耗或引起某些费用，也就是它们会引起一种用它们自身计量的保管费 c。对于它，我们当下的目的是：画一条线来区别在计算 q 以前减去的费用和包括在 c 中的费用是无所谓的，因为我们在之后的讨论中所关心的只有 q–c。

3. 在一个时期内，某项资产变现的能力，代表着一种潜在的方便或安全。这一点对于不同种类的资产是不一样的，即使一些资产的原始价值是相同的，但这种特质是无形的，只有在需要的时候才会表现出它的优越性。除此之外，即便在每一个会计周期完结的时候，这点特质也不会由有形的产品表现出来。然而，这个特质依然是很多人愿意为它而付出某种代价的东西，人们愿意为资产处置权提供的潜在的方便或安全之处而付出的代价，我们称为流动性升值 l。

那么我们就可以看到，在一个时期内，从资产所有权预期可以得到的全部报酬等于收益减去保管费加上它的流动性潜在价值，公式为：$q-c+l$。也就是说，$q-c+l$ 是任何商品自身的利息率，其中，q、c、l 是用其自身作为标准来衡量的。

在使用当中的设备资本，如一台机器或者消费资本，如一座住宅，它们的特点是在正常情况下，收益应该大于它的保管费，而资本的流动性潜在价值是可能被忽略不计的。至于作为存货的流动性商品，或闲置不用的设备资本，或消费资本的特点在于，承担用它们自身所计量的保管费用，可以让任何收益与之相抵消。与此同时，只要它们的存量超过有限的水平，虽然它们的流动性潜在价值在特殊情况下具有重要意义，但通常也可以忽略不计。

至于货币，它的收益是不可忽略不计的，保管费用也可以忽略不计，但它的流动性潜在价值是最大的。不同的商品之间的流动性潜在价值是不同的，货币可能承担某种程度的保管费，即安全保管费用。但货币和其他所有资产的本质区别在于：对于它本身而言，它的流动性潜在价值远远超过保管费用；对于其他资产而言，它们的保管费则大大超过它们的流动性升值。为了说明这个问题，我们假设住房的收益为 q_1，保管费和流动性升值忽略不计；小麦的保管费为 c_2，收益和流动性升值忽略不计；货币的流动性升值为 l_3，收益和保管费忽略不计。那就是说，q_1 是住房利息率，$-c_2$ 是小麦利息率，l_3 则是货币利息率。

要分析不同资产在均衡状态下的预期报酬之间的关系，我们还必须了解在预期的那段时间里，各种资产相对价值的变化。用货币作为我们的衡量标准，再设住房预期的升值或者贬值的百分比为 a_1，小麦为 a_2。在前面我们已经称 q_1、$-c_2$ 和 l_3 分别是用这些资产作为价值标准的住房、小麦和货币的自身利息率。那么，我们现在用货币作为衡量标准，就有 a_1+q_1、a_2-c_2 和 l_3，这就是转化为共同的货币价值标准后的，住房折算成货币后的利息率、小麦折算成货币后的利息率，以及货币折算成货币后的利息率。

用这种符号，我们很容易便能够看到：财富所有者直接需要的是住房、小麦还是货币，要取决于 a_1+q_1、a_2-c_2 或者 l_3 这三者中哪个更大。这样一来，在均衡状态下，用货币来计算的住房和小麦的需求价格就将使在各种资本之间的利益没有差异，也就是 a_1+q_1、a_2-c_2 和 l_3 会相等。选择哪种商品作为价值标准对上述结论不会造成影响，因为从一种标准换成另一种标准会使三项都作出同样的改变，即改变的量均等于用旧标准计量的新标准预期的增量或者减量。

新被生产出的资产，它们正常的供给价格应该是小于其需求价格的；在它们正常的供给价格的基础上，这些资产又是那些边际效率大于利息率的资产。当社会增加资产的存量时，它们的边际效率就会趋于下降，而开始时它们的边际效率至少会等于利息率。因此，除非利息率同时下降，它们的边际效率的下降将会达到这样一点，在这个点上生产会以最后的理由存在，超过了这一点，生产便没有任何价值了。因为，当没有任何资产的边际效率等于利息率时，资本资产的进一步生产就会停止。

在现在这个论证的阶段，我们先做一个假设：某种资产的利息率是固定不变的。这时各种资产将如何进行调整呢？由于 a_1+q_1、a_2-c_2 和 l_3 必须是相等的，又根据假设，l_3 或者是固定不变，或者至少是比 q_1 或者 $-c_2$ 的下降更为缓慢，因而 a_1 和 a_2 必然上升。换句话说，就是在货币以外，其他每种商品的当期货币价格相对于其预期价格来说都将趋于下降。因此，如果 q_1 和 $-c_2$ 继续下降，将会达到一点，在该点上生产任何商品都是无利可图的，除非其预期的未来的生产成本会上升，并高于其当期生产成本量，这个量足以抵偿把现在生产的商品保存到未来高价出售所需要的保管费。

从严格意义上来说，前面我们说过的货币利息率限制产量的说法，显然是不正确的。对于这个问题，我们应该这样说，当资产的数量普遍增加时，某项资产的利息率的下降最为缓慢，以致最终使其他资产的生产都无利可图，直到最后，一种或者多种资产自身的利息率维持在高于任何一种资产的边际效率的水平。

这里有一个例外，那就是像我刚刚讲过的那样，在当期和未来生产成本之间有特殊关系的偶然情况下，因为当产量增加时，其他资产自身的利息率会下降到某个水平。此外，便会出现一种资产接着另一种资产降低到有利可图的生产水平以下。

如果货币只是作为价值标准，那问题就很清楚了，造成困难的并不必然是货币利息率。但我们不能像有些人想的那样，颁布一道法令用小麦或者住房代替黄金或者英镑作为价值标准，以此来解决我们的困难。因为，现在的情况表现出来的是，如果继续存在任何一种资产，当产量增加时它的利息率不会下降，那么同样的困难仍然会存在。例如，黄金会继续在一个国家充当利息率下降相对缓慢的资产，而该国早已经实行不兑现黄金的纸币本位。

货币利息率的重要性

正因如此，在赋予货币利息率以特殊的重要性时，我们已经在潜意识里作出了假设，假设我们通常所使用的货币具有某些特殊的属性，当产量增加时，使用它自身所计量的自身利息率比任何其他资产用其自身计量的利息率更难以下降。

那么，这种假设能够成立吗？我认为，货币的一般特点可以支持上述假设条件的合理性。由于已经被认为是价值标准的货币具有这些特点，所以我们便能够推导出一个结论，即货币利息率是唯一重要的利息率是成立的。

1. 推导出上述结论的第一个论据是基于这样的事实：不论周期长短，不论货币管理机构有如何行动，仅仅就私人企业的力量而言，货币的生产弹性是零，或者是非常小的。在这里，生产弹性指的是用于生产货币的劳动量对单位货币所能支配的劳动增量的反映，也就是说货币并不能很轻易地被生产出来。当用工资单位计量的货币价格上升时，雇主们不能任意地选择生产货币。在一个使用不兑现纸币而实行通货管理的国家，这个条件则更为严格。从这个角度来讲，实行金本位的国家也大致如此。也就是说，除非黄金开采是一个国家的主要产业，否则能够被用于生产货币的劳动力增加的最大比例是很小的。

那么，对那些有生产弹性的资产来说，我们之所以假定它们自己的利息率会降低，是因为我们假定随着产出率的提高，这些资产的数量会增加。但对于货币而言，它的供给量是固定不变的。

所以，货币不能任意由社会生产这一特点，给我们提供的初步理由表明，相对来说货币的利息率是难以下降的。而如果货币能够像谷物那样得自自然，或者像汽车得自工厂，那么经济萧条就可以避免或者得以缓和。如果其他资产用货币计量的价格趋于下降，更多的劳动量就会转向生产货币，正像我们已经指出的以采金业为主要产业的国家的情况那样，虽然就全世界而言，这种方式最大的转移量几乎是可忽略不计的。

2. 问题在于，上述货币所具有的特点并非是它独有的，在生产上完全缺乏弹性的一切以收取纯地租为主要方式的生产要素或者资本也都有这些特点。所以，我们还要寻找第二个特点用来将货币和它们区分开来。

那么，这里的第二个特点是：货币的替代弹性等于或者接近于零，也就是在货币的交换价值上升时，没有其他生产要素或者商品能够替代得了它。或许在某些微不足道的程度上，我们应该抛出货币被碰巧用于制造业或工艺品产业的情况。所以，货币的第二个特点在于，它的效用仅仅取决于它的交换价值，而货币的交换价值也会和其他商品的交换价值同比例地上升或下降，结果当货币的交换价值上升时，不像收取地租的生产要素那样，有用其他生产要素替代货币的动机或倾向。

这样一来，当用劳动计量的货币的价值上升时，社会不仅不可能投入更多的劳动去增加货币的产量；而且，当社会需要更多的货币时，人们不会像对其他生产要素或资本那样，减少对货币的需求转而去寻求其他物品作为替代。所以，货币又是一个追求购买力的极致商品。

当然，这种情况也存在一个限制条件，那便是在货币价值上升时，公众对这种上升未来能否得以维持会产生怀疑。在这种情形下，a_1 和 a_2 都会增加，这就等于商品折合成货币后的利息率会提高，从而刺激社会生产更多的其他资产。

3. 我们还必须考虑上面论述的这些结论是否会被一个事实所推翻，这个事实是即使货币的数量不能通过投入更多的劳动力到货币生产上来增加，但因此就下结论说货币的有效供给量固定且没有伸缩余地，也不是完全正确。特别是在工资单位降低的时候，一部分现金会从其他用途中转移出来以满足大众对于流动性的偏好，而且在货币价值降低时，货币的存量在社会财富总额中会占有一个较高的比例。

对于这种反应是否可以使货币利息率有一个适度的下降，我们不能从纯理论的角度来证明。但我们却能够找到几点理由，将其结合起来便能形成一种有力的论据，证实为什么在我们所习惯的这种类型的经济中，货币利息率往往难以作出适度的下降。

首先，我们应该考虑到工资单位的下降对用货币计量的其他资产的边际效率的反作用——因为我们所关心的是由此所引起的边际效率和货币利息率之间的差额。如果工资率下降的影响是产生一种它以后还会再次回升的预期，那么，结果会完全有利于我们的论点；如果相反，影响是产生还会进一步下降的预期，则对资本边际效率的反作用可以抵消利息率的下降。

其次，用货币计量的工资倾向于与货币紧密联系在一起，也就是货币工资实际上比实际工资更加稳定。这个事实会让用货币计量的工资单位的下降速度放缓。另外，如果情况不是这样，那么处境可能会更坏而不是更好，因为如果货币工资容易下降，往往会预期对资本边际效率有不利反作用的货币工资的进一步下降。此外，如果工资被固定在某种诸如小麦这样的其他商品上，那么工资就一定不会仍然保持紧密性。正是由于货币流动性的特点，被固定在货币上的工资才具有紧密性①。

最后，在这里我们要考虑论述的最基本的观点，也就是货币满足流动性偏好这一特点，因为在某些频繁出现的情况下，特别是当利息率低于某个数值时，这一特点会使利息率丧失敏感性，甚至在货币数量相对于其他形式的财富大量增加时也是如此。

换句话说，就是在货币数量的增加超过某一点时，货币由于流动性而得到的收益并不会随着它数量的增加而下降；而即便有所下降，也不会像其他类型的资产那样下降幅度巨大。

在这种情况下，货币可以忽略不计的保管费起着非常关键的作用，因为如果保管费是一笔大的负担，就很可能会抵消掉因为持有货币而预期可能得到的

① 如果工资（与合同）固定在小麦上，则小麦可能得到某些货币的流动性升值，到以下部分，我们还要讨论这个问题。

好处。公众会对应比较小的刺激而愿意保持或增加货币的持有量，就是因为货币有流动性的好处，用不着考虑抵消由于时间的流逝而大量增长的保管费。

但在货币之外，其他大部分商品都没有这个便利，少部分的商品储存数量虽然可以向商品使用者提供某些方便之处，但在面临储存较大数量的商品的问题时，即使它代表一笔值得尝试的、价值稳定的财富，这种有利之处也会被商品的储存费用、损耗等费用所抵消。因此，当达到一定的数量之后，就必然会由于持有的数量较大而蒙受损失。

正如我们看到的那样，对货币而言，情况就完全不同了。由于各种不同的原因，公众认为货币是最具流动性的，而那些意图改变这一点的改革者们，企图人为地给货币创造出保管费，即要求法定通货必须定期缴纳一定费用以加盖印记或类似标志，才能继续保持其货币资格。这些人的想法是正确的，他们的建议也有其不可忽视的实际价值。

由此可见，货币利息率的重要性来自其几个特点的共同作用：第一，通过流动性偏好的作用，利息率与货币数量相对于以货币计量的其他形式的财富的变化比例不相适应；以及第二和第三，货币具有可以忽略不计的生产弹性和替代弹性。其中，第一种情形意味着，对财富的需求可能绝大部分集中于对货币的直接需求；第二种情形意味着，当这种情形发生时，劳动不能被用于生产更多的货币；第三种情形意味着，如果某些其他生产要素的价格低廉到足以很好地承担货币的职能，但这也不能缓解对货币的需求。除去资本边际效率的变化，唯一缓解办法是来自货币数量的增加或货币价值的提高，从而使既定数量的货币提供更多的货币服务。

由此，货币利息率的提高，会在一定程度上抑制利息率有弹性的一般商品的生产，而没有可能刺激货币的生产。货币利息率可以通过高于所有其他商品利息率而妨碍所有其他商品生产的投资，同时又不刺激货币本身生产的投资，因为我们的前提是货币是不能随意生产的。此外，由于来自投资动机的货币需求极具弹性，所以支配着这种需求的条件的微小变化，不会对货币利息率产生较大的影响。与此同时，由于在管理机构的行为之外的货币生产缺乏弹性，我们也不可能通过自然调节作用来影响货币的供给以降低货币利息率。

但对于普通商品的情形则并非如此，由于对普通商品流动性存量的持有缺乏弹性，因而对它的需求的微小变动，都会让它的利息率发生剧烈的变动。与此同时，它较大的供给弹性又会阻碍它的现货价格不致高过期货价格太多，这对于普通商品而言，如果任其自由波动，那么市场的一般力量将倾向于降低它们的利息率，直到实现充分就业，使商品的供给普遍缺乏弹性，就像我们所假定的货币所具有的正常特点那样。这样，在不存在货币和不存在任何其他商品具有所设想的货币特点的情形下，各种利息率只有在充分就业时才能达到均衡状态。

这也就是说，之所以会存在失业的问题，就是因为人们需要的是像月亮那样可望而不可即的东西。当人们渴望的东西（也就是货币）是某种不能生产，以及对它的需求不能轻易被抑制的东西时，就无法被使用。解决这个问题的方法只能是劝说公众相信纸币也是货币，而且由政府来生产。

但有一点是比较有趣的，那就是传统上假设黄金是最适合充当价值标准的物品，这是因为它的供给缺乏弹性。但也正是因为黄金的这个特点，最终恰恰成为问题出现的根源。

在假定消费量既定的前提下，我们的结论可以用最一般的形式进行表述，那就是当所有现存资产自身的利息率中最大的一个等于所有资产的边际效率最大的一个时，投资量不可能进一步增加。

在充分的就业状态下，这个条件是必须具备的。但如果有某种资产的生产弹性和替代弹性都等于零，或者微小到可以约等于零[①]，而且当其产量增加而利息率的下降慢于用自身衡量的资本资产的边际效率的下降时，那么这个条件也可以在充分就业达到之前得到满足。

货币工资的必然性

在前文中我们已经证明，被当作价值衡量标准的某种商品，并不是该商品的利息率是否能够成为具有决定意义的利息率的充分条件。然而，我们仍有必

① 零弹性是比所需要的必要条件更严格的条件。

要对下一个问题进行一番论述，这个问题是：如我们所知道的，能够让货币利息率成为具有决定意义的利息率的那些特点，在多大程度上与货币被用作债务和工资的衡量标准有关系。解答这个问题，我们需要从两个方面入手。

第一，用货币标准将契约关系固定，用货币计量的工资通常比较稳定。这些事实无疑让货币在具有很高的流动性升值上起了很大作用。如果衡量持有的资产和未来偿还的债务的单位相同，以及预期用这一标准来计量的未来生活费用会相对稳定时，那么持有这种资产的方便之处就是显而易见的。同时，如果将一种具有高度生产弹性的商品作为价值标准，那么，人们便会怀疑生产这种商品的货币成本将来是否还能保持相对的稳定性。此外，如我们所知的货币可以忽略掉的保管费，在使货币利息率成为有意义的利息率时，起着和高度流动性升值一样大的作用。因为，此处重要的问题在于流动性升值和保管费用之间的差额。而且，除去金、银和银行券之类的资产之外，大多数商品的保管费至少要等值于作为契约和工资的价值标准的商品通常所具有的流动性升值。所以，即使把当前英镑所具有的流动性升值转移到小麦上，小麦的利息率仍然不可能上升到零以上。

由此可见，虽然契约和工资用货币作为价值标准来加以规定这一事实在较大程度上提高了货币利息率的重要性，但它还不足以造成货币利息率可观察的特征。

第二，在一般情况下，人们会认为以货币为衡量标准的产品价值比以任何其他商品衡量的产品价值更为稳定。这一点并不是因为工资是以货币来计量的，而是因为工资是以货币来计量从而具有紧密性。那么，如果不以货币而以某种或多种商品作为衡量价值的标准从而使工资的紧密性更加稳定时，情况又会如何呢？这样一种预期不仅要求所涉及的商品以工资单位计量的成本是相对稳定不变的，而且还要求当期按成本价格出售后的多余的产品能被存放起来而又没有额外的费用，也就是说，该商品的流动性升值大于它们的保管费。

如果能找到可以满足这个条件的商品，那么毫无疑问，这个商品是可以被用作货币替代品的。由此看来，这样一种商品从理论上来说是存在的，但是在现实当中，我们却几乎寻找不到这种商品。

因此，我的结论就是：一种预期用来计量工资会最具有紧密性的商品，不可能不是生产弹性最低的商品，也不可能不是其保管费超过流动性升值数额最小的商品。换句话说，预期用货币计量的工资的相对紧密性较大，是货币的流动性升值高于保管费用的差额大于任何其他资产的这种差额的必然结果。

而这样一来，我们就能够了解到，正是各种不同的特点以累积的形式相互发生共同的作用，才使货币利息率成为最重要的利息率。货币生产弹性十分微小，替代弹性和保管费这两个事实趋向于增强货币工资将会相对稳定的预期，而这个预期又会增加货币的流动性升值，并且会阻碍货币利息率和其他资产的边际效率之间形成密切的相互关系。如果存在这种关系，那么货币利息率将失去其重要的作用。

庇古教授和一些经济学家们已经习惯认为人们有一种觉得实际工资比货币工资稳定的观念，但假设的观念只有在设想就业量比较稳定时才能成立。并且这里还有一个困难之处，就是工资品具有高额的保管费用。的确，如果人们企图把工资固定在工资品上以确保实际工资的稳定，其影响只能是用货币计量的价格发生剧烈波动，因为消费倾向和投资引导很小的波动就会使价格在零和无穷大之间发生剧烈波动。货币工资应该比实际工资更稳定，这是经济体系保持内在稳定性的一个条件。

由此可见，那些觉得实际工资相对稳定的观点，不仅在事实上是错误的，而且也不符合正常的逻辑。因为，如果假设我们所考察的经济体系是稳定的，即消费倾向和投资引诱的变化很小，就不会造成价格的剧烈波动，这与实际工资相对稳定的观点相矛盾。

人对持有财富方式的选择

作为对上面论述的一个注脚，在这里需要强调的是，前文已经论述过的“流动性”和“保管费”都只是程度问题，而货币的特征只是流动性升值相对地高于保管费用。

假设，在某个经济体系内没有任何一项资产的流动性升值，总是高于它的保管费用，这就是我给所谓“非货币”的经济体系所下的最好定义。也就是说，

▶ 耕地

在漫长的人类历史中，农业一直是人们聚敛财富的主要手段，因而耕地曾一度被视为最宝贵的财富。

在这个体系里面，只有消费品和资本设备，其他别无一物。资本设备大致按照它们能够生产或者有助于在一个较长或较短的时期内生产的消费品的特点加以区分，所有这些物品都不像货币那样，如果它们被储存时会造成损耗或者引起开支，其价值大于它们所具有的流动性升值。

在这种经济体系中，资本设备会在以下几个方面有所区别：所能助力生产的消费品不同；产品价值的稳定性不同；体现在它们之中的财富能够“流动化”的迅速程度，也就是生产产品的速度，出卖产品的所得能被重新体现于形式相当不同的物品之中。

那么这样一来，拥有财富的人一方面要考虑各种不同的资本设备在上面讲过的意义上的“流动化”的能力，另一方面要作出对它们抵消风险之后的预期收益的最大估算，并在这两者中间权衡利弊，如此才能够决定财富的形式。

我们可以看到，流动性升值与风险费用有类似之处，但也有不同的地方。这些不同的地方相当于我们能够作出的最好的概率估计和进行这种估计时我们所持有的信心之间的差异。

在之前的章节中，我们曾讨论过未来收益的估计，但没有详细论述这种估计是如何作出的；而且为了避免使论证变得更复杂，我们也没有区分流动性和风险本身的差异。但现在，我们要计算商品本身的利息率时，这两者显然都必须考虑了。

“流动性”显而易见的是只有程度上的大小，而没有绝对标准。在估计持有不同形式的财富相对性的优点时，除一种财富的保管费和它可能带来的收益之外，我们还要考虑到各种不同形式的升值。而对于“流动性”而言，它在拥有财富的人的心目中的偏好是确定的，也是我们在分析经济体系运行时所要求的最重要的一点。

在某些特殊的历史时期，在拥有财富的人的心目中，持有土地或许曾经被认为是具有高额的流动性升值。这是因为，土地的生产弹性和替代弹性都很低，在这一点上与货币是相似的[①]。我们可以想到，曾经有这种情况在历史上出现：持有土地的愿望和将利息率维持在一个很高的水平上，曾经发挥过和现代货币同样的作用。我们是很难把这个作用量化起来的，因为土地没有能够与货币债券的利息率严格相比较的用土地自身表示的期货价格。尽管如此，我们有时也可以找到类似的东西。如把土地作为抵押品时的高利息率[②]，土地抵押时的高利息率往往高于开发土地所可能获得的净收益。禁止高利贷的法律主要就是反对高利贷这种形式，这当然是正确的做法，因为在初期的社会组织中，我们现在常见的长期债券是不存在的。如果土地抵押借款的利息率很高，会妨碍对当期生产新的资本资产的投资，从而给财富的增长造成困难，就像现代长期债券的高利息率所起的作用一样。

但是，人类在经历了长久且持续不断的个人储蓄之后，资本资产在整个世界范围内的积累仍然是如此的贫乏，根据我个人的看法，人类的奢侈浪费或战争和动乱的破坏，都不足以对这种贫乏作出解释。真正的原因在于，这些都是由过去对土地所有权所赋予的和现在对货币所赋予的高额流动性升值所造成的。在这一点上，我不同意古典经济学家的观点，这种观点在马歇尔的《经济学原理》中就能够看到。

马歇尔这样写道："任何人都了解，财富的积累之所以受到抑制，利息率之所以能被维持住，原因在于大多数人都偏好于满足现在的欲望，而不是将财富留起来满足未来的欲望，即原因在于他们不愿意'等待'。"

---

① "流动性"的属性绝对不能独立于这两个特点之外而存在。因为，如果一种资产的供给量可以轻易增加，或者对这种资产的需求可以通过相对价格的改变而轻易转移到其他资产上去，那么，在财富所有者的心目中，这种资产就不大可能被认为是具有"流动性"的属性。如果预期货币的未来供给会有急剧的变化，那么，它自己也会很快失去"流动性"属性。

② 土地抵押借款，以及借款的利息率固然都用货币规定，但抵押者也可以用交割土地的办法偿还债务——如果到期不能用货币偿还时，就必须用土地来偿债——这一事实在一定程度上使抵押制度近似于一种利用土地期货来偿还土地现货的契约。也有的地主根据契约制度把土地出售给佃户，这更接近于期货和现货的交易。

中性利息率

在《货币论》一书中，我曾经将我认为的唯一的利息率称为利息的“自然率”，并把它定义为能让储蓄量等于投资量的利息率。我相信，我的这个定义是发展自威克塞尔的“自然利息率”。

按照威克塞尔的说法，自然利息率是一种能让物价水平保持稳定的利息率。但物价水平究竟是什么，他却没有明确地给出定义。

在当时，我忽视了这样一个事实：根据威克塞尔这个定义，任何社会在每一就业水平下都会对应一个不同的自然利息率。同样地，对应于每个不同的自然利息率，又都会有一个让该利息率成为“自然利息率”的就业水平。也就是说，经济体系会在该利息率和就业水平下处于均衡状态。

由此可见，我们讨论的这个唯一的自然利息率，或者认为不论就业水平多高，都可以得到具有唯一取值的利息率的说法，说到底是错误的。只不过在当时我还不明白，在什么条件下经济体系能够处于低于充分就业的均衡状态。

现在我认为，我过去所重视的“自然”利息率对我们当前的分析不会有多大的用处，它不过是维系现状的利息率，而一般来说，我们对于维系现状本身并没有多大的兴趣，所以它的重要性是可以忽略的。

如果有任何这样一种唯一且重要的利息率，那么对于这种利息率，我们应该是可以将它称为“中性”[①]利息率的，即在经济体系其他条件不变的情形下，在一系列上述意义的自然利息率中与充分就业相符合的那个自然利息率。

在这里，我们可以对中性利息率下一个更深入的定义，那就是在产量和就业量达到整个经济体系的就业弹性为零时的均衡状态下的利息率。

以上这些论述，帮我们解答了在什么样的假设前提下，古典经济学派的利息率才是有意义的。古典经济学派的利息率既需要假设实际利息率总是等于中

① 这个定义并不符合近年来学者们对中性货币所下的许多定义；虽然我的定义也许与这些学者头脑中所设想的内容有关。

性利息率，又需要假设实际利息率总是等于能把就业量维持在一个固定水平的利息率。如果对传统的利息率理论作如此解释，那么我们就基本不会对它的结论产生异议了。

古典经济学派的理论还假设：银行管理机构或市场的自然力量可以使市场利息率满足上述两个条件中的任何一个，并且它所考察的是在这一假设的前提下，什么规律支配着社会生产资源的利用和报酬。由于这种假设条件的限制，产量只能取决于假定为不变的就业水平以及当时的设备和技术。那么，这样一来，我们就只能回到李嘉图的经济世界中了。

第八节
综 述

在本章的结尾我们要对之前论证的思路整理一下。

首先，我们需要弄清楚以下几个问题：哪些因素是在经济体系中作为既定因素存在的？哪些因素是作为自变量存在的？哪些因素是作为因变量存在的？

其次，我们需要对这些变量分别作出解释，并解释它们之间的相互关系，以及是如何相互影响的？

经济体系中的各种因素

通常被我们看作既定因素的有：当前存在的劳动技能，当前可用的劳动力数量，当前可用的设备数量，当前的技术水平，当前经济竞争的强弱程度，当前消费者的偏好和消费习惯，当前不同强度劳动的负效用以及监督与组织活动的负效用和社会结构。此外，还包括社会结构下面所列举的各个变量之外的决定国民收入分配的各种力量。

对于以上这些因素，我们将其视为既定的，但并不是说这些因素就一定是固定不变的，而只是说在我们所讨论的范围内，暂时不考虑或者不计入它们的变动所造成的影响和结果。

通常被我们视为自变量的有：消费倾向、资本边际效率和利息率。对于这些因素，我们在前面已经作出了详细的阐述，不过在下文中，我们还会作进一步的分析。

通常被我们视为因变量的有：以工资单位计量的就业量和国民收入。

自变量往往受那些既定因素的影响，但也并不完全取决于它们。例如，当期资本设备的数量在某种程度上影响着资本的边际效率，但除此之外，资本的边际效率还部分取决于根据既定因素加以测量的长期预期状况。

不过，还有某些自变量则完全由某些既定因素所决定，所以我们也可以把这些被决定的自变量看作既定的。例如，利用某些既定因素，我们可以推断出相当于任何既定就业水平的用工资单位计量的国民收入水平是多少，从而在我们视作既定的经济体系的框架内，我们可以认为国民收入取决于就业量，也就是取决于当期用于生产的劳动量。从这个意义上来讲，我们说国民收入和就业量两者之间存在唯一的相互作用关系①。

还有，一些既定因素还能够让我们对总供给曲线的形状作出推断，总供给曲线体现了不同类型产品供给的物质条件，也就是对应于用工资单位计量的任何既定的有效需求水平而用于生产的就业量。

最后一些既定因素还为我们提供了劳动的供给函数，从而让我们了解到在哪一点上整个劳动的就业函数不再具有弹性。

既定因素虽然对资本边际效率也有极大的作用，但资本边际效率仍部分取决于不同种类的资本资产的未来收益。与此同时，利息率部分取决于流动性偏好的状况，又部分地取决于用工资单位计量的货币数量。

这样看来，我们便可以认为最终自变量仅包括：第一，三个基本大众心理

① 在现阶段，在有关的就业量范围之内，我们略去了不同产品的就业函数具有不同的曲度所产生的某些复杂性。

因素，就是心理上的消费倾向，心理上的对流动性的态度，以及心理上的对资本资产未来收益的预期；第二，雇主和劳动者之间通过协商所决定的工资单位；第三，中央银行的政策所决定的货币数量。在上述因素被给定出数值时，这些变量就决定国民收入和就业量。不过，对于这些变量我们还可以加以进一步的分析，因为它们并不是各自独立的最终因素。

我们将经济体系的决定因素区分为既定因素和自变量这两组，看似是具有随机性的，其实这种区分完全是从经验的角度进行的，以便于把那些变动似乎很缓慢或者与我们研究的问题关系不大，以致短期内的影响微乎其微的因素归入既定因素一类；另外，也会把那些变动对我们所研究的问题具有决定性影响的因素归入自变量一类。

我们现在的目标是，发现是什么在任何时候决定一个既定经济体系的国民收入和它的就业量。这就意味着在像经济学这样复杂的研究中，我们不可能期望作出完全精确的普遍性结论，而只想找出那些其变动对我们的问题起主要决定作用的因素。那么，我们的最终任务是：在我们实际生活的经济体系中，选出那些政府管理者能够慎重管理的变量。

经济因素的相互作用

现在，我们试着将前面每一部分的论证做个概述。在下面的概述中，各个因素出现的顺序和它们在本书中出现的顺序相反。

投资引导推动新的投资量增加到某一点时，促使各种类型的资本资产的供给价格达到某一数量，并与资本资产的未来收益一起促使总资本边际效率大致等于利息率。这也就是说，资本品工业中供给的物质条件，与对预期收益的信心，对流动性偏好的心理状态，以及工资单位计量的货币数量共同决定着新的投资量。

但投资量的变动会带来消费量的变动，因为在一般情况下，公众行为的特点是只有人们的收入变动了，他们才愿意相应改变他们的收入和消费之间的差额。也就是说，消费量的变化和收入量的变化一般是呈正相关的，一定的储蓄增量和与之相伴随的消费增量两者之间的关系可以用边际消费倾向来表示。由边际消费倾向决定的投资增量和与之对应的总收入增量之间的比例，可以用投资乘数来计量。

最后如果我们假定投资乘数等于就业乘数，那么我们就可以用投资乘数去乘前面提到过的诸因素决定的投资变动量，来推导出就业变动量。

但就业变动量会促使流动性偏好也相应地作出改变。这样一来，就业量的增加会使社会对货币的需求量也增加。这可以由三条途径构成：第一，当就业量增加时，即使工资单位和价格不变，产量的价值也将增加；第二，当就业量增加时，工资单位本身会趋于提高；第三，由于短期内成本的增加，产量的增加会引起价格的上升。

所以，上述这几对关系的反应可以影响均衡的位置，而且还能够推导出其他关系的反应。除此之外，在上述各种自变量中，大多是可以随时改变而又不显示出多少改变征兆的，同时这些随机改变的幅度有时还是很大的。

由此可见，在现实的经济体系中，事态的运行是非常复杂的。但即便如此，将这些自变量独立出来对问题的分析还是能够为我们提供便利和帮助的。只要我们沿着上面论述的理论框架来考察现实经济当中的问题，便能够让问题得到很好的解决，而同时，我们对现实的直觉赖以发生作用的难以处理的材料也会减少。

经济体系的稳定条件

以上这些可以被看作是本书的纲要。不过，经济体系中的实际问题可能会因为消费倾向、资本边际效率和利息率的某些特点而呈现出不同的特质。对于有些特质，我们可以凭借经验对它们做有把握的概括，但是在逻辑上，这样做却不是必然成立的。

这里需要特别说明的是，我们当前所生活的经济体系的一个突出特点是：生产量和就业量虽然会有剧烈的波动，但从整体来说还是比较稳定的，而似乎会在一个相当长的时期内停留在一种正常状态下，又不会表现出任何趋于复苏或趋于完全崩溃的倾向。此外，还要实际例证表明，充分或者甚至接近于充分就业往往只是短期内的现象，在现实中是很少见的。这种特点的表现为：经济的波动起初是很剧烈的，但是在达到极限以前便开始慢慢放缓，并呈现一种既不停止又不崩溃的正常状态。正是基于这个事实，我们能建立起已经发现呈规律性状态的经济周期理论。与此同时，价格也呈现出同样的状态，价格在对出现的干扰作出反应之后，似乎总是可以找出一个能暂时停留的相对稳定的水平。

因为仅仅来自经验的事实没有逻辑上的必然性，所以我们就必须假设现代世界的境况和大众心理倾向必然有产生这种后果的特点。因此，我们也就有必要考虑，是什么样的心理倾向会让经济体系倾向于稳定，然后根据我们对于人的本性的认知，再考虑这种倾向是否能够存在于我们的现实世界中。

根据之前作出的分析，我们能够解释所观察到的结果的稳定条件如下：

1. 边际消费倾向的状态是：当社会产出由于使用较多的既定量的资本设备而使就业量发生变动时，代表产量和就业量两者之间比例的乘数的数值会大于1，但数值并不会太大。

2. 当资本的未来收益和利息率有变动时，资本边际效率必须是：新投资量的变化和前两个因素的变化会形成一定的比例关系，也就是资本的未来收益或者利息率的缓慢变化不会引起投资量的剧烈变动。

3. 当就业量发生改变时，货币工资一般会发生趋同的改变，也就是说，就业量的缓慢变化不会引起货币工资的剧烈变化，这是物价而不是就业量的稳定条件。

4. 我们可以补充第四个条件，这个条件与其说是稳定经济的条件，不如说是经济体系的波动朝着一个方向变动到适当程度后自行改变方向的条件，它就是：一个时期的投资量高于或者低于前一个时期。如果这种情况在一个时期内能够得到持续，就会对资本边际效率产生正面或负面的作用，但作用力不会很大。

现在，让我来对以上四个稳定的条件作出具体的阐述：

1. 上文列出的第一个稳定条件作为人类本性的一个心理特征似乎是有道理的。在实际收入获得增加时，这一期的需求压力会相对减少，而超过已有生活水平的差额就必然会增加。而在实际收入减少时，其结果正好相反。所以我们可以看到，在就业量增加时，当期消费便会扩大，但扩大的规模却要少于实际工资的全部增量。这种情况是个人通常遇到的情况，对政府来说也是如此，特别是在这样一个年代，失业的累积增加通常会迫使国家用借来的资金提供救济，情况就更是如此。

不过，无论读者是否认可这一心理规律，但我们可以肯定的是，如果这一个规律不成立的话，那么事实就会与我们的经验有极大的出入。因为一旦那样的话，投资的增加无论数量是多少，都会引起有效需求的累积增加，直到实现充分就业的状态。在投资减少时，有效需求也必将会累积减少，直到最终导致所有人失业。但现实生活的经验和事实告诉我们，我们通常处于一种折中的地位，这并非说不可能有不稳定性起主要作用的范围，但即便是有这个范围也可能是很窄的，而且在这个范围之外，无论是在上升还是在下降到哪个方向，我们的心理规律必然毫无疑问地会发生作用。再有十分明显的是，乘数显然是大于1的，但在正常情况下它不会很大，因为如果它很大的话，那么投资量即便有再小的变化，也必然会引起消费量的巨大变化。

2. 第一个稳定条件说明的是投资量的缓慢变动不会引起对消费品需求的极大变动，第二个稳定条件说明的是，资本资产的未来收益或者利息率的缓慢变动，不会引起投资量极大的变动。

相对于此，我们面对的事实可能是：因为用现有的设备大幅度扩大产品的生产，所以成本会递增。如果我们的出发点是存在大量生产资本资产的剩余资源，那么理所应当的是，在一定范围内就可能存在相当程度的不稳定性。但是，当这些剩余资源的大部分已经被利用时，这种不稳定性的基础就没有了。除此之外，第二个稳定条件还限制了因为资本资产未来收益的迅速变动所造成的不稳定性，不论这种未来收益的迅速变动是来自工商业心理的剧烈波动，还是来自划时代的新发明。

3. 第三个稳定条件也符合我们有关人类本性的经验。正像我们在上文已经指出的，维持货币工资的斗争的目的是要求相对高额的工资。在就业量增加时，这种斗争可能在单个个人的场合都会加剧。这一方面是因为工人的谈判地位有所改善；另一方面则是因为每个劳动者的边际效率递减，以及由于劳动者改善了的货币余额使他甘冒风险。

但即便如此，这些动机只能在一定范围内发生作用。而且工人们也不会在就业条件改进时追求最高的货币工资，或者宁可让工资有较大的削减，也不愿意遭受失业。

此外，我们再次面临和上述类似的问题，也就是无论这个结论能否根据先验的理由认为是可信的，经验都表明这样的心理规律在实践中必然是成立的，因为如果在失业工人之间的竞争总是导致货币工资的大幅度削减，这就必然会引起物价水平的剧烈波动。此外，在充分就业情形之外便不可能有稳定的均衡，因为工资单位可能会无限下降，直至达到这样的水平，也就是用工资单位衡量的货币数量的巨大变动所引发的压低利息率的作用足以恢复充分就业。这样，除了充分就业情形，没有其他不稳定的静止点。

4. 第四个条件不是关于稳定的条件，而是关于为什么经济萧条和经济复苏会交替存在。这个条件不过是以这个假设为基础的，即资本资产属于不同的年代，随时间流逝而发生损耗，并非所有资产都有很长的使用寿命，因此，如果投资量下降到低于某一最低水平时，那么，只要其他因素没有大的波动，资本边际效率上升到足够的程度以使投资量恢复到最低水平之上，就只是个时间问题。同样地，如果投资量上升到比前一个时期还高的水平，那么，除非其他因素发生补偿性变动，资本边际效率会下降到足以导致一次萧条的发生，这也是个时间问题。

基于这个理由，复苏和萧条能够在前三个条件所规定的限度内发生，如果这些有限度的复苏和萧条能够持续足够长的时间而又不受到其他因素的干扰，那么，即使这些有限度的复苏和萧条也会造成方向相反的逆转运动，直至相同的因素使其再次发生方向相反的逆转运动。

▶ **黑色星期四**

1929 年 10 月 24 日，美国华尔街股市突然发生大幅度的暴跌，从而引发了世界范围内的经济危机，因为这一天是星期四，所以被以黑色星期四载入史册。

因此，我们的四个稳定条件足以共同解释我们的经验事实的突出特点，也就是我们的经济体系在避免了就业和物价剧烈波动的状态下，围绕着一个中间性位置波动，这个中间性位置在相当大的程度上低于充分就业水平，而又在相当大的程度上高于最低就业水平。如果低于这个最低水平，这个经济体系的生存就会受到威胁。

不过，我们也不能因此便下结论，认为这个中间性位置是由“自然的”趋势所决定的，即由只要没有改变措施就会持续下去的那种趋势决定，从而也就认为这种中间性状态是由必然性的规律所带来的。而事实上，上面讲的这四个稳定条件的不受阻挠的统治，不过是我们看到的现实世界中的过去和现在的状况，而不是不能改变的必然的原理。

第四章

货币工资

The General Theory of Employment, Interest and Money

本章的主旨在于，对传统的古典主义工资理论进行批判，并提出更符合实际的工资理论，以及货币作为工资的经济形式，对于就业以及其他社会价格的影响。

古典主义经济学认为，当失业率上升时，经济会以降低工资的方式来恢复就业。但通过研究我们发现，这种形式会导致一个负面的效果，即社会总需求下降，从而使市场进一步萎缩，社会经济进一步恶化，从而引发恶性的连锁反应。此时，正确的做法是实行刚性的货币政策，在货币工资不变的情况下，增加货币的供给量，用通货膨胀的方式来降低实际工资，从而刺激社会总投资，达到恢复经济的效果。

在本篇中的三章中，我们将看到这个结论是如何被得出的，以及是如何在一个低迷的经济环境中发挥作用的。

第一节
论货币工资

对于货币工资的研究，无论对于收入研究还是就业研究来说，都是极为重要的。但需要指出的是，古典经济学对于货币工资的研究却存在极大的谬误，这直接导致了他们在就业研究结论上的偏差。

在接下来的部分中，让我们来指出古典经济学的谬误到底出在哪里，然后再来还原货币工资本应有的性质和内容。

古典经济学中货币工资理论的谬误

如果仅仅是为了批判古典经济学派，我原本可以在前面的章节中就对货币工资变动对经济的影响展开讨论。因为，古典经济学派所秉持的经济学理论要建立在货币工资具有自由伸缩性之上，如果货币工资表现出一定的刚性来，他们就无法解释经济体系不能自动调节的问题了。

但是，我选择先不讨论它是有原因的，因为货币工资变动的影响是非常复杂的，我们只有在理论充分开展之后，才能把这个问题讲得更清楚。货币工资的减少可能会刺激产量的增加，对于古典经济学派的这一点假设，我并不持反对意见，但我和他们的不同之处在于分析方法。所以，在读者还没有熟悉我的分析方法之前，我没有办法将这个分析表达清楚。

根据我的经验，越是简单的理论越是容易被接受。古典经济学派的论点并不会像我们在下面论证中所做的那么多的阐述，它很简单：降低货币工资，会降低产品的价格进而刺激需求，并因此使产量和就业量得以增加，增加到劳动者愿意接受的货币工资的下降幅度刚好抵消由于产量的增加而带来的劳动边际效率的降低。

从古典经济学派最简单的形式来看，这无异于假设在货币工资减少时产品的需求是不变的。这里可能有一些经济学家理直气壮地指出，需求不会受到货币工资较少的影响。他们持有的总需求取决于货币数量乘以货币的收入流通速度的观点，并争辩说，没有明显的理由说明为什么货币工资的减少会减少货币数量或者减小货币的收入流通速度，或者由于工资的降低利润必然上升。

不过我认为，更加公认的观点是：货币工资的减少通过降低工人的购买力而可能对总需求产生某些影响。但是，那些货币收入并没有减少的其他生产要素却由于价格的下降而受到刺激，而且除非因货币工资的改变而导致对劳动的需求弹性小于1，否则工人们自己的总需求，很可能由于就业量的增加而增加。这样，在新的均衡状态下，除去那些在现实中或许根本不会存在的非同寻常的极端情形，就业量一般会比以前更高。

我个人根本不赞同上述论证过程背后的分析。理由是，虽然以上论述能够很准确地表达许多经济学者们的口头或书面的观点，但他们很少把这个观点背后的分析方法详细地用文字表达出来。

对于他们的思维方式，我们似乎可以作如下的表述：在任何既定的行业中，存在一条能够体现产品出售的数量和价格之间关系的需求曲线，与此同时，还存在一系列体现以不同成本为基础的出售的价格和相应的产量之间关系的供给曲线，这些曲线共同导出一条新的曲线，这条新的曲线在其他成本不变的假定条件下，代表该行业对劳动的需求曲线，它把就业量和相应的工资水平联系起来。在任何一点的曲线的形状都表示对劳动需求的弹性。于是，这一概念在未经实质性修改的情况下，被转而用于整个行业。并且我们还可以设想，根据同样的理由，我们还有一条全行业的劳动需求曲线，把就业量和不同的工资水平联系起来。这里的工资指的是货币工资还是实际工资是无关紧要的。如果我们认为是货币工资，那么，我们当然要对货币价值的变动加以矫正。但是，由于价格的变动肯定不会和货币工资的变动正好保持相同的比例，从而使论证的倾向性结果不会发生改变。

上面的表述似乎是古典经济学家唯一的论证依据，但从这个论证依据来看，他们的观点肯定是错误的。这是因为，一个特定行业的需求曲线只能建立在对其他行业的需求与供给曲线的性质，以及总有效需求量不变的假设基础上。所以，将有关个别行业的观点转而用于所有行业整体上的做法是错误的，除非把总有效需求量固定不变的假设也转而运用到所有行业整体上去。然而，这个假设又会使论证变成用歪曲对方观点的做法来驳斥对方。因为，虽然没有人会反对伴随着总有效需求不变而货币工资减少会相应地增加就业量的假设，但是这里所争论的问题恰恰是：减少货币工资是否能够改变用货币积累的总有效需求。

但是，如果我们不允许古典经济学派理论用类推的方法把特定行业的结论扩大到整个经济社会当中去，那么，该理论就完全不能作为货币工资的减少对就业量有何影响的问题的解释，因为它不具备解决这个问题的分析方法。

在我看来，庇古教授的《失业论》是对古典经济学理论最好的诠释，但讽刺的是，该书反而成了一个显著的事例说明，当该理论被应用于是什么决定整个社会的实际就业量的问题时，它是毫无用处的。

货币工资变动的影响

在批判了古典经济学派工资理论的失误之后，下面让我用我自己的分析方法来解答关于货币工资变动的影响。

这里，我们可以把问题分成两个部分：第一部分，其他前提条件不变，货币工资的减少是否具有直接使就业量得以增加的倾向？这里的其他前提条件指的是：消费倾向、资本边际效率和利息率，这些因素对整个社会来说是不变的。第二部分，货币工资的减少通过它对上述三个因素的某些影响或可能的影响，是否能够对就业量在特定方向上产生某些影响或可能的影响？

关于第一部分的问题，我们在此前的章节中已经给出了否定的回答。我们曾经指出，就业量和以工资单位计量的有效需求具有唯一的相互关系，而且由于有效需求是预期消费和预期投资之和，如果消费倾向、资本边际效率和利息率三者都不变，那么有效需求也必定保持不变。在这三个因素都不变的情形下，如果雇主们还要从总体上增加就业量，则他们的收益就必然小于他们的供给价格。

这上面的增加，可以帮助我们批判这样一个结论，那就是货币工资的减少会使就业量增加，因为它会减少生产成本。对于这个结论，我们完全可以从对它有利的角度来解释，也就是雇主们开始预计降低货币工资会带来这种结果。当然，在看到自己成本被降低之后，单一的雇主在一开始很可能会忽视货币工资的减少对产品需求的反作用，并按照在获取一定利润的前提下能比过去销售更多产品的设想行事。

但是，如果雇主们都这样去做，那么在实际上，他们还能够让利润得到增加吗？答案是否定的。除非社会的边际消费倾向等于1，以至于收入增量和消费增量之间没有任何差额，或者投资量增加到正好可以弥补收入增量与消费增量之间的差额，而投资量的增加又只能在资本的边际效率相对于利息率有所增加时才能发生。这样，除非边际消费倾向等于1，或者货币工资的减少使资本边际效率相对于利息率有所增加，进而增加投资量，否则，雇主们对从产量的增加中所获取的收益会感到失望，而且就业量又将回落到以前的水平。这是因为，当雇主们根据他们的产品能卖掉的价格而提供一定规模的就业量时，会给公众一笔收入，使公众从这笔收入中进行储蓄的量大于当期投资量。两者的差额就是雇主们的亏损。对于这种情形，不论货币工资的水平如何，都肯定会存在。因而，企业家们顶多只能推迟他们失望日期的到来，在这个时期，要用周转资本代替投资以填补储蓄大于投资的差额。

可以看到的是，减少货币工资可以对整个社会的消费倾向、资本边际效率和利息率产生影响，但并不会让就业量得到持续的增加。要想探求减少货币工资对就业量的影响，我们就只能继续考察它对这三个因素可能产生的影响。

在实际的经济生活中，对这三个因素最主要的影响如下所述：

第一，货币工资的减少在某种程度上会让价格降低，这样一来，它便会引起实际收入在两方面的再分配：一方面，收入从工资劳动者那里转移到边际直接成本中的那些报酬未被削减的生产要素那里；另一方面，收入从雇主们那里转移到获取租金和利息的人那里，后者的货币收入因为有契约所以是固定不变的。

这种再分配会对整个社会的消费倾向产生什么样的影响呢？收入从工资劳动者那里转移到其他生产要素那里，可能会降低人们的消费欲望。至于收入从雇主们到其他人的转移就成问题了，但是如果这些人从总体上看属于社会的富有者，他们的生活水平很少发生变动，那么这种收入的转移也会降低消费倾向。考虑了每个方面的平衡之后，我们只能猜想净结果如何。

▶ 企业与雇员

在当代社会，货币工资是企业与雇员博弈的主要对象，但对这两者影响最大的，却是实际工资。

第二，如果我们研究的对象是一个开放的经济体系，而且货币工资的减少又是相对于外国货币工资的减少来说的，那么这种变动显然是有利于投资量增加的，因为它会趋于增加贸易顺差。当然，前提是这种有利之处不会被关税、限额等方面的变动所抵消。

把减少货币工资当作增加就业量的一种手段，这种传统经济学观念在英国比在美国更具有力量。这可能是因为美国相对于英国来说是一个比较封闭的经济体系。

第三，在一个开放的经济体系内，贸易顺差虽然可以通过货币工资的削减来实现，但在大多数情况下，它反而会使对外贸易的发展条件被恶化，从而使实际收入被降低，而且还可能会促使劳动者的实际收入降低，从而让他们趋向于提高消费额度。

第四，如果货币工资的减少是预期相对于未来货币工资的减少，则这种变动有利于投资。因为正像上文已经指出的，它会增加资本的边际效率；与此同时，基于相同的理由，它还可能有利于消费。另外，如果这种减少导致货币工资预期的或者甚至有极大可能性的进一步降低，那么，它会有更确切的负面影响，因为它会降低资本边际效率，并推迟消费和投资行为。

第五，工资总支出的减少，再加上物价某种程度的下降，以及工资收入的普遍减少，会减少为取得收入和基于企业经营目的的现金需求，因而，会依据这个减少量降低整个社会的流动性偏好。假设其他条件不变，这会降低利息率，从而有利于投资。然而，在这种情形下，对未来的预期与刚刚考察过的第四点会呈现出相反的趋势。因为如果预期工资和价格以后还会上升，则对长期贷款的有利作用远小于短期贷款。此外，如果因为工资的减少引起公众的不满而扰乱政治信心，则由于这个原因而引起的流动性偏好的增加可能会大于实际流通中现金需求量的减少所能抵消的部分。

第六，因为将货币工资局限在某一个企业或某一个行业之中，总是会有利于该企业或行业，所以货币工资的普遍减少，也可能会带给雇主们一种乐观的情绪，进而不会对资本边际效率作出过分悲观的估计，从而让事情可以按照正常的预期发展。

然而相反地，这种有利因素却可能被抵消掉，那就是工人们会像雇主们那样对工资的普遍减少作出同样错误的估计时，进而引起劳资纠纷。

除此之外，由于我们没有一个能够让所有行业中货币工资同时并等量地减少的方法，而且每一个领域的劳动者也都会坚决联合起来抵制自己工资的削减，所以货币工资的削减势必困难无比。事实上，在劳资双方进行工资谈判时，对雇主们削减货币工资的抵抗要比对物价上升所造成的实际工资逐渐和自动下降的抵抗更为强烈。

第七，货币工资减少带给雇主们的正面情绪，会因为债务负担的加重而被抵消掉。确实，如果工资和价格有大幅度的下降，那么，大量本就已经负债的企业家会陷入更加严重的财务困境，进而面临破产，这对于投资来说无疑是极为不利的。此外，较低的价格水平对于税赋也可能会造成负面的影响，进而导致雇主们的经营信心再受打击。

以上列举的这些情况，并不是在现实世界中减少工资就可能造成的全部影响。但我认为，它还是概括了通常所认同的一些最重要的影响。

弹性工资和弹性货币政策

如果我把我的论证限制在封闭的经济体系之中，并假设实际收入的重新分配对社会消费倾向并没有多大的影响。那么，我就必须把对减少货币工资有利于就业的希望主要寄托于改善投资上，而投资的改善既可能因为第四点的资本边际效率的增加，也可能因为第五点的利息率的降低。那么现在，我需要再对这两种可能性作进一步的深入讨论。

可能会导致资本边际效率增加的情况是：大众相信货币工资已经到达了最低点，因而预期的方向就只有一个，那便是上升。对于资本边际效率增加最不利的情况是货币工资缓慢地下降，而每一次的下降都会影响到将来是否能维持工资水平的信心。当社会进入一个有效需求衰弱时期，如果货币工资突然地下降到一个非常低的水平，低到没有人认为工资会继续下降，那么对于加强有效需求是有利的，但这只有通过政府的强制法令才能够办得到。除此之外，在一个工资可以通过自由谈判来决定的制度中，这一点是很难做到的。

既然无法做到这一点，那么将工资严格固定住，并且让人们相信工资不会再有剧烈的变动，就远比伴随着货币工资呈逐渐下降的态势的萧条状态更好。因为在萧条状态下，工资哪怕是最微小的变化，也会被当作一个信号向人们表明失业又增加了。如果预期工资在下一年度要下降2%，它的影响大致相当于在同一时期应付的利息率上涨2%。在经过相应的修正后，以上所说也适用于经济繁荣状态。

根据以上论述的内容，在当代世界的现实实践和现实制度下，以固定货币工资为目标的政策比随着失业量的变化而增减货币工资的政策更为有利。但是，当我们讨论利息率的时候，这个结论是否还能成立呢?

很明显，那些相信我们的经济体系能够自我调节的人们，不能不把他们论证的重点放在工资和物价的下降对货币需求的影响上，虽然我不清楚他们是否已经这样做了。如果货币数量本身是工资和物价水平的函数，按照这个思路，他们就没有希望取得成果。但如果货币数量是固定不变的，那么它的用工资单位衡量的数量就会因为货币工资足够程度的降低而无限制地增加。同时，它的数量与国民收入之间的比例一般也会大大增加。增加的程度取决于工资在边际直接成本中所占的比重，并取决于边际直接成本中的其他因素对工资单位下降的反应。

因此，我们至少在理论上可以用两种方法对利息率造成同样的影响：一是降低工资，而保持货币数量不变；二是增加货币数量而保持工资不变。所以，削减工资和增加货币数量作为获得充分就业的手段，都会受到同样的限制。上面列举的限制货币数量的增加能够使投资量增加到适度水平的种种理由，经过相应的修改后，也适用于工资降低的情形。如果货币数量只是轻微地增加，那么，它对长期利息率的影响可能不够大；而如果货币数量增加很多，则又可能通过影响信心而抵消它在其他方面的影响。同样地，货币工资轻微的削减也可能难以产生什么影响。而货币工资大幅度的削减，即使能行得通，也会动摇信心。

所以，没有理由相信，一种弹性工资政策能够维持充分就业的状态，正像没有理由相信，通过公开市场业务的货币政策，在没有其他辅助方法的情况下，也能达到这个结果一样。弹性货币工资政策和改变货币数量的政策，两者都不能使经济发挥自我调节的功能。

如果劳动者总是处于能够采取有效行动的地位，那么一旦出现低于充分就业的状态，劳动者们便采取一致行动，来削减货币工资到所要求的程度，即以工资单位计量的货币数量多到使利息率下降到符合充分就业的水平。如果是这样，我们就应该让工会而不是让银行系统去从事旨在实现充分就业的货币管理。

在理论分析上，弹性工资政策和弹性货币政策，虽然同样都是可以选择的改变用工资单位计量的货币数量的手段，但是，这两者在其他方面却有着极大的差别，现在我们提出四个值得特别考虑的地方。

1. 在社会主义社会之外，人类几乎没有可能通过政府法令的形式来统一划定劳动者的工资水平。在现实社会中，工资的削减只能通过一系列渐进的、不规则的工资变动来实现。这些变动并不是以社会正义和经济利益为准则，而且可能只是因为浪费性的和灾难性的斗争才能实现的。在斗争中，受最大损失的，恰恰是处于谈判最弱势地位的人们。另外，货币数量的变化却是政府可以控制的，政府可以通过多种手段来控制货币。考虑到人类的本性和我们的制度，除非有人能指出弹性工资政策优于弹性货币政策，否则只有愚蠢的人才会偏爱前者。此外，一种相对容易被应用的方法，应该优于一种可能难以实行的政策。

2. 如果货币工资不是弹性的，那么一部分价格的变动将主要对应于当期设备由于增加产量而导致的边际生产率的下降。这样，在劳动者和其他生产要素之间将保持一种实际上最理想的关系。其他生产要素所有者的报酬是依靠契约以货币的形式作出规定的，特别是那些依靠资本利息为生的人和那些在政府等部门领取固定薪水的人们。最合乎社会正义和需求的是，社会主要阶层的报酬在任何情况下都可以用货币来表示，从而所有生产要素的报酬用货币计量都没有什么弹性。考虑到大批不同的社会阶层已经在领取没有弹性的货币收入，只有少数人才会选择有弹性的工资政策，而不是弹性货币政策，除非他能指出前者具有后者所没有的优越之处。

▶ 劳动者

即便在同一个社会的同一个行业内，劳动者的收入也不可能通过行政法令来强制地划定为一致。

3. 通过降低工资单位来增加用工资单位计量的货币数量的方法，会按比例增加债务人的债务负担。但用增加货币数量同时保持工资单位不变的方法，在结果正相反的情况下，也能够得到相同的货币增量。考虑到多种类型的债务负担被加重，只有缺乏经验的人才会选择降低工资的方法。

4. 如果利息率的下降是通过降低工资水平的方法实现的。那么，基于在前文已经提出过的理由，这会从两个方面压低资本边际效率，从而也就构成推迟投资、延缓经济复苏的双重原因。

弹性工资和刚性工资

由此我们可以推断出，如果我们逐渐减少就业量，并使劳动者在货币工资逐渐削减的情形下提供劳务，那么实际工资非但不太可能会下降，甚至还可能因为对产量的反向影响而增加。

这种政策往往会造成价格的剧烈波动，以至于在我们生活于其中的依靠企业核算才能运行的社会中，企业核算反而成了多余的事情。把弹性工资政策当作一个自由经济体系所应有的正确的、合理的附属品的设想，与真实情况是相反的。只有在一个高度集权的社会中，所有的变革都可以用法令的形式来规定，只有在这种社会中，弹性工资政策才能获得成功地运行。我们可以想象，这种政策在意大利、德国或者俄罗斯可以实行，但在法国、美国或者英国不可能实行。

澳大利亚曾试图用立法来规定实际工资，但这样一来，就会有一个既定的就业水平与这种实际工资相对应。在一个封闭的经济体系里面，实际就业量会在该就业水平和完全失业之间剧烈地波动。而投资量是否同对应于该就业水平的投资量相匹配则决定着实际就业量有多少。当投资量同该就业水平的投资量相匹配时，价格就会处于非稳定的均衡状态，当投资量低于这个投资水平时，价格会急剧下降直到为零，当投资量高于这个投资水平时，价格会上升直到无穷大。

我们可以在这里面找到一个稳定的因素，这就是那些控制货币数量的因素。货币数量的决定总是与某种货币工资的水平相联系，在该货币工资水平下，货币数量要能在利息率和资本边际效率之间建立起一种关系，使投资量保持在恰到好处的水平。

如果真是如此，那么就业量不变，而货币工资和价格急剧变动，达到正好维持恰到好处的投资量所必需的程度。在澳大利亚的实际情况中，之所以没有产生这种不稳定状态，部分是因为立法手段总是难以完全达成既定目标，但部分是因为澳大利亚并不是一个封闭的经济体系，其货币工资水平本身就是一个对外投资水平的决定因素，从而也就是决定投资总量的一个因素。与此同时，贸易条件对于实际工资也有着重要影响。

▶ 霍桑实验

1924年，美国国家科学院的全国科学委员会在西方电气公司所属的霍桑工厂进行了一项旨在研究待遇对劳动者影响的实验，从而拉开了现代管理学的序幕。

根据上述分析，我在这里提出一个观点：在分析了各种因素之后，对于一个封闭的经济体系来说，维持一个稳定的一般货币工资水平是最合适的政策。对于一个开放经济体系来说，如果该国与世界其他国家通过外汇比价的改变而能够达到国际收支平衡的话，那么这个结论同样适用。对于某些特定行业，工资具有一定程度的弹性是有好处的，因为它可以帮助劳动者从那些相对衰落的行业转移到那些发展良好的行业。但是，货币工资至少在短期内，应该保持总体水平的相对稳定。

这种政策会使价格水平具有相当程度的稳定性。除“管制的”物价或者垄断价格之外，总体价格水平短期内在这个限度内的变动反映了就业量的变动对边际直接成本的影响，长期在这个限度内的变动则反映了由于新技术、新设备或新增设备所带来的生产成本的变动。尽管如此，只要就业量有大幅度的波动，价格水平也必然随之产生相当大的波动。但就像在上文已经指出的那样，其波动要小于执行弹性工资政策时的波动。

这样一来，在执行刚性工资政策时，短期内要稳定价格就必须避免就业量的波动。另外，我们对长期政策仍然有两种选择：一种是随着技术进步和设备升级而允许在工资保持稳定的前提下，价格缓慢地下降；另一种是允许工资缓慢上升，但同时保持物价稳定。总的来说，我更倾向于选择后一种政策选择，原因是预期未来的工资较高比预期未来的工资较低更容易使实际就业量维持在充分就业的一定范围内。

与此同时，我还有另一个原因，那就是逐渐减少债务人的债务负担会带来的社会收益，使资源从衰落的行业转移到发展良好的行业更加方便，货币工资轻微上升的趋势可能会给人们带来心理上积极性。这些考虑不涉及经济学的主要原理，而且对这两种政策详加论述也超出我现在的论述目的。

本节附录：对庇古教授《失业论》的阐述

庇古教授在他的著作《失业论》中曾经提到过，就业量主要由两个基本因素决定，分别是：工人们所要求的实际工资率和劳动实际需求函数的形状。实际上，《失业论》一书的中心章节也是讨论关于这个函数形状的决定因素。庇古教授虽然没有忽略工人们所要求的并不是实际工资率而是货币工资率，但是他却假设货币工资率除以工资品价格就可以算出实际工资率。

在《失业论》一书中，我们可以找到这样两个方程式。依照庇古教授的意思，这两个方程式是对劳动实际需求函数的“研究的起点”，但因为有几个隐含的假设而影响了他分析的应用，庇古教授没注意到，这些假设一开始就混入了他的论证之中，所以在这里，我要对他的处理方法直至争论的关键之处做一下简单的论述。

庇古教授把所有行业划分为“从事制造满足国内需要的工资品”的行业、“制造用以销往国外换回工资品的出口品”的行业，以及“其他”行业。这里我们出于方便的考虑，暂时称它们为工资品行业和非工资品行业。

庇古教授的假设是，工资品行业雇用 x 人，费工资品行业雇用 y 人。然后他用 $F(x)$ 表示 x 人生产的工资品产品的价值，用 $F'(x)$ 表示该行业的一般工资率。虽然在行文中并没有说明，但庇古教授这种做法等于是假设边际工资成本等于边际直接成本[①]。然后，他还假设 $x+y=\phi(x)$，也就是总就业量是工资品行业雇用人数的函数。于是，他又表示对劳动总量的实际需求函数可以写成：$E_r=\dfrac{\phi'(x)}{\phi(x)}\cdot\dfrac{F'(x)}{F(x)}$。

单纯从公式的符号上来看，庇古教授和我的表达方式没有重大区别。如果我们能够把庇古教授的工资品和我的消费品等同起来，把他的“其他物品”和

① 把边际工资成本和边际直接成本等同起来的错误或许是因为边际工资成本的意义含混不清。我们可以把它当作：追加一个单位产品的成本，如果除去追加的工资成本外，没有任何其他追加成本。或者，我们也可以把它当作：在现有设备和其他未被雇用的生产要素的辅助下，用最经济的方法生产追加一个单位的产品所引致的追加的工资成本。在前一种情形下，不可能在追加劳动的同时也追加任何企业经营能力或者经营资本或者劳动之外的任何会增加成本的东西。甚至不可能让追加的劳动比较少的劳动所能做到的那样更快地损耗设备，因为在前一种情形下，不允许劳动成本之外的任何其他成本因素进入边际直接成本，这样，边际工资成本当然就等于边际直接成本。但是，根据这一前提所得到的分析结果几乎没有什么运用价值，因为它赖以成立的假设在现实中很少能实现，在现实中，我们不会愚蠢到如此地步，以致不把追加的劳动和适当追加的其他生产要素（如果它们在现实中存在的话）一起使用。所以，只有假设除劳动之外的所有生产要素都已得到最大限度地使用，这个假设的前提条件才得以成立。

我的投资品等同起来，那么，他用以表示由工资单位计量的工资品行业的产品价值$\frac{F(x)}{F'(x)}$，就和我的C_w是相同的。此外，他的函数 ϕ 也就是被我称为就业乘数 k' 的函数，因为有 $\Delta(x+y)=k'\Delta y$，所以有 $\phi'(x)=\frac{k'}{k'-1}=1+\frac{1}{k'}$。

可见，我的某些概念与庇古教授的“对劳动总量的实际需求弹性”是重合的。这个概念的成立，部分地取决于工资品行业的物质和技术条件，也就是他的函数 F 所表示的内容，部分地取决于工资品的消费倾向，也就是他的函数 Φ 所表示的内容。以上所说当然总是要限制在一个特殊场合，即边际劳动成本等于边际直接成本。

为了进一步计算就业量，庇古教授将他的“对劳动的实际需求”与一个对劳动的供给函数结合了起来。他假设劳动的供给只是实际工资的一个函数，而不包括任何其他变量，但就像他所假设的那样，实际工资是工资品行业的就业人数 x 的函数，这就等于假设按照当期工资的劳动总供给是 x 的一个函数，而不包括任何其他变量。这也就是说，$n=\chi(x)$，n 是实际工资为 $F'(x)$ 时的可能的劳动供给量。

这样，我们把所有复杂情况都拿掉，庇古教授的分析是试图从以下两个方程式中确定实际就业量：$x+y=\phi(x)$ 和 $n=\chi(x)$。

在这两个公式中，有三个未知数。我们似乎可以清晰地看出来，庇古教授规避这个困难的方式是让 $n=x+y$。这样做等于是假设不存在严格意义上的非自愿失业，也就是在当期实际工资下，所有可能的劳动者实际上都已经获得了就业岗位。在这种情形下，x 具有满足这个方程式的取值：$\phi(x)=\chi(x)$；当我们如此得出的 x 的取值等于（比如说）n_1 时，则 y 必须等于 $\chi(n_1)-n_1$，总就业量 n 等于 $\chi(n_1)$。

到这里，我们需要停下来考虑一下上面这些的具体含义。它们的含义是说，如果劳动的供给函数发生变动，那么对于一定的实际工资水平，劳动的可使用量会增多，对非工资品行业的产出需求则要达到这样的程度，就是这些行业的就业增量足以使 (n_1+dn_1) 和 $\chi(n_1+dn_1)$ 保持相等。使总就业量可能发生变化的另一种，也是唯一的方法是：分别改变大众工资品和非工资品的消费倾向，以使 y 的增加伴随着 x 较多的减少。

n=x+y 这一假设意味着劳动者总是处于能自由处置自己实际工资的状态下。而这又意味着对非工资品行业产品的需求要服从与上述方程式有关的法则。换句话说，这就等于是假设利息率按照这种方式自行调节它与资本边际效率的关系，从而让就业达到充分就业状态。如果没有这个假设，庇古教授的理论就将会崩溃，从而提不出如何决定就业量的方法。但奇怪的是，庇古教授竟设想他能提出一个失业理论，而根本不涉及就业量的变化。这种变化不是由于劳动供给函数的变化，而是由于利息率的变动，也是由于信心状态的变化。

所以依我看来，将他的著作命名为《失业论》是有些名不副实的。在他的这本著作中，我们实际上没有看到他讨论这个话题，他论述的是在充分就业的前提是得到满足，给定劳动的供给函数是，就业量会是多少。

劳动总量的实际需求弹性这个概念的目的在于表明对应于劳动供给函数的给定移动，充分就业将上升或下降多少。或者用另一种说法，我们可以认为庇古教授这本书不过是一种非因果性的探讨，探讨对应于任何给定的就业量水平，决定实际工资水平取值的函数关系。但是，它不能告诉我们什么决定实际就业水平，并且也没有直接涉及非自愿失业的问题。

而且即便庇古教授否定非自愿失业的可能性，我们仍然很难看出他的分析将如何能被运用到现实当中去。因为，他疏忽了 x 和 y 之间的联系到底是由什么决定的，也即工资品行业和非工资品行业各自就业量之间的联系。

除此之外，庇古教授同意在一定限度内，劳动者所要求的并不是给定的实际工资水平，而是给定的货币工资水平。但如果考虑这种情形，那么劳动的供给函数就不单是 F'（x）的函数，也是工资品货币价格的函数，这样一来，他在前面的分析就又无法自圆其说了。并且这里还引进了一个追加因素，却没有引进一个追加的方程式来解决这个追加的未知数。一种虚假的数学方法除了使每件事物只是单一变量的函数，并假定所有的偏微分都不存在之外，不可能对分析问题有什么实质性的帮助。对于这种潜在的危险，庇古教授的分析就是最好的例证，因为后者虽然承认事实上还有许多其他变量，但仍然按照原来的方式进行研究，对已经取得的成果不作修改，所以这种承认是没有用的。

因此，如果劳动者所要求的是货币工资，那么，除非我们知道是什么决定工资品的货币价格，否则即使我们假定 n =x + y，我们仍会感到论据不足以支撑我们的论点，这就是因为工资品的价格取决于就业总量。所以，直至我们知道工资品的货币价格之前，我们都无法断定就业总量是多少。同时，直至我们知道就业总量之前，我们也都不能知道工资品的货币价格。这就像我在之前提到过的那样，我们还缺少一个方程式。然而，暂时假定货币工资而不是实际工资有刚性，就可能使我们的理论更接近于事实。

一个理论，除非它能应用于货币工资改变与否的任何情况，才可以说它是普适的理论。政治家们可以抱怨货币工资应该具有高度的弹性，但是经济学家却应该能毫无偏见地分析货币工资不具有高度弹性的问题。要知道，科学的理论是不能要求事实来满足他的假设的，这是本末倒置。

▶ **抗议者**

高失业率必然导致劳动者收入的减少，因而在资本主义国家，不定期出现的失业潮往往就会引发大规模的抗议潮。

在讨论货币工资减少的影响时，庇古教授再次将观点建立在显然十分不足的资料上。庇古教授从一开始就反对这样一个论点，如果边际直接成本等于边际工资成本，那么在货币工资减少时，非工资劳动者的收入将和工资劳动者的收入同比例变化。庇古教授反对的理由是：只有在就业量不变时，这个观点才能成立，而就业量是否不变，正是需要讨论的问题。但是紧接着，他自己又犯了同样的错误，他假设“在初始时，非工资劳动者的货币收入不变”，但要知道，他才说过的只有就业量并非保持不变，这一点才能成立；就业量是否维持不变正是要讨论的问题，但问题在于，除非我们在讨论中加入更多的资料，否则这个问题不可能被很好地解决。

事实上，只要实际工资不会低到某一个最低点，劳动者所要求的就是给定的货币工资量，而不是给定的实际工资。如果承认这一点，那么庇古教授作为论证主要基础的那个假设就会崩溃，这个假设就是，只有实际工资比较高才有可能供给更多的劳动量。

例如，庇古教授在他的著作中曾作出假设来反对乘数理论，假设实际工资率是给定的，也就是已经达到了充分就业，即使实际工资率较低也不会增加劳动供给量。依据这样的假设条件，庇古教授的论点当然是正确的，但是这个假设却是一个彻头彻尾的错误。

庇古教授的整本著作其实都建立在这样一个假设的基础上，就是相对于货币工资的生活费用的上升，不论升幅如何小，都会使为数比当期失业量还要多的大量工人退出劳动力市场。

此外，庇古教授还没有注意到，他提出用以反对作为公共工程结果的“第二轮”就业的论点，也可以用来反对在相同的假设条件下，同一种政策导致的“第一轮”就业量增加的论点，因为如果在工资品行业中的总体实际工资率是给定的，则除非工资劳动者减少他们的工资品消费，就业量就无论如何都不能增加，因为参加“第一轮”就业的新增劳动者会增加工资品的消费，从而会降低实际工资，因而又会导致原来在其他地方已经就业的人们退出劳动力市场。

然而，庇古教授显然承认第一轮就业量增加的可能性。第一轮就业和第二轮就业之间的分界线似乎成了庇古教授心理上的关键之处，在这里，他良好的常识见解不再能支配他蹩脚的理论。

因为假设条件和分析方法的差异而得出的不同结论，可以用庇古教授自己的观点加以说明，在他的著作中，庇古教授这样写道：

“在工人们相互存在完全地自由竞争和劳动者完全自由流动的情形，人们所要求的实际工资率和对劳动的需求函数之间的关系的性质是很简单的。强烈的倾向总是在发生作用，使得工资率和需求存在这样的关系，即每个劳动者都能就业。因此在稳定状态下，每个人都会就业。其含义是：任何时候都存在的失业，其原因完全在于需求状况继续在改变，而摩擦力使得工资不能及时调整。”

可以看到，庇古教授得出的结论是：失业主要是因为一种工资政策，这种政策使工资不能作出足够的调整，以适应劳动实际需求函数的变动。

由此可见，庇古教授相信，在较长的时间里，失业能够通过工资的调整加以解决[①]。但我却认为，实际工资的水平，主要并不是由“工资调整”来决定的，

① 他并没有作出这样的暗示或建议，即这一结果是来自对利息率的反映。

▶ **再就业培训**

在解决失业问题时，政府可以采取开办再就业培训的活动，创造更多的可就业人口，从而解决摩擦性失业问题。

而是由这个经济体系的其他因素来决定。如果我的理解是对的，庇古教授未能将其中某些因素纳入他的理论框架之中。

最后要说的是，庇古教授关于“失业的原因”的论述，他确实和我一样讨论过需求波动。但是，他把需求状况和对劳动的实际需求函数等同起来，因而忘记了按照他的定义，后者是含义如何狭小的概念。因为按照他自己的定义，对劳动的实际需求函数仅仅取决于两个因素：第一，在任何给定情形下，就业总量和必须为就业总量提供消费所需的工资品行业的就业量二者之间的关系；第二，工资品行业的边际生产率状况。然而，在他的《失业论》当中，“对劳动的实际需求”被认为是一个在短期内容易大幅波动的因素；并且他似乎认为，“对劳动的实际需求”的波动与工资政策未能对这种波动敏锐地作出反应结合在一起，成为经济周期的主要诱因。对读者来说，乍一看，所有这一切似乎是合理的，是人们所熟悉的，因为除非他又回到原来的定义，否则“对劳动的实际需求的波动”在他心目中似乎具有和我所说的“总需求状况的波动”类似的含义。但是，如果我们回到庇古教授的“对劳动的实际需求”的定义上，那么庇古教授的这一切就无法令人信服，因为我们会发现，世界上没有任何东西会比这一因素更难以在短期内发生剧烈波动。

根据定义，庇古教授的“对劳动的实际需求”仅仅取决于 $F(x)$ 和 $\phi(x)$。前者代表工资品行业生产的物质条件；后者代表就业总量和与之相应的工资品行业中就业量之间的函数关系。除了长期的逐渐变动之外，很难找到理由解释为什么这两个函数中的任何一个会有变动。可以肯定，没有理由假设它们可能会产生周期性的波动，因为 $F(x)$ 只能慢慢地变动，而且在一个存在技术进步的社会中只能向前变动。而 $\phi(x)$ 除非工人阶级突然倾向于节俭，或者更一般地说，除非消费倾向发生突然变动，否则它将保持稳定。所以，我预期在整个经济周期中，对劳动的实际需求几乎会维持不变。我再重复一遍：庇古教授在他的分析中完全消除了不稳定因素，即投资量的变动，而这一变动往往是就业量波动现象的根源。

在本节的结尾，我之所以要这样详尽地批判庇古教授的失业理论，并不是因为我觉得他比其他古典经济学家更值得批判，而是因为，我认为庇古教授是唯一一个试图将事业理论阐述清楚，并也确实形成了一套完整体系的古典经济学家，因而，对于古典理论这是最难以驳倒的理论，我不得不提出我的反对意见。

第二节
论就业函数

在本书的引论中，我曾给总供给函数 $Z = \phi(N)$ 下过定义，说它是表示就业量 N 和与之对应的产量总供给价格之间的关系。

在本质上，就业函数是总供给函数的反函数，而且两个函数都是以工资单位加以衡量的。就业函数所表示的是用工资单位衡量的有效需求数量与就业量之间的关系，其意义在于，指出当一家企业或者一个行业面临一定的有效需求时，需要创造出多少的就业量，才能使产量的供给价格刚好等于该给定量的有效需求。

解析就业函数

我们将用工资单位计量的有效需求的数量设为 D_{wr}，一家企业或者一个行业与之相对应的就业量设为 N_r，那么就业函数可写作 $N_r = F_r(D_{wr})$。或者更一般地说，如果我们可以假设 D_{wr} 是总有效需求 D_w 唯一的函数，那么就业函数就是 $N_r = F_r(D_w)$。也就是说，当有效需求为 D_w 时，r 行业中的就业量就是 N_r。

在下面的章节中，我们将深入探讨就业函数的某些性质。但除了这些性质本身所具有的意义之外，我们还需要说明为什么要用就业函数代替普通的供给函数才符合本书的方法和目的。

首先，使用就业函数可以让我们在不引入任何数量上含混不清的单位的前提下，用我们自己所给出的单位就能表示清楚与我们研究主题有关的事实。其次，对于分析行业总体或产量的问题，就业函数比普通的供给函数更加合适，因为它能够区别于单个厂商或行业在既定情况下的某些问题。

原因在于：当我们为一种特定的商品画一条普通劳动者的需求曲线时，总是要建立在一个假定的社会收入的基础上，当社会收入发生了改变，我们便需要重新画一条曲线。同样的事情还出现在某一种商品的供给曲线上，当我们要分析单个行业对总就业率的改变的反应时，我们必然涉及的不会是每个行业的单个需求曲线和供给曲线，而是相应于总就业量的不同假设的两组曲线。但当使用就业函数之后，要得到一个反映总体就业量变动的总体行业的函数，就相对容易多了。

这里，让我们先来假设消费倾向是给定的，在这个基础上，每一个用工资单位计量的有效需求的水平将有一个与之相应的总就业量，而且这个有效需求的水平将有一个与之相应的总就业量，而且这个有效需求按照一定的比例分解为消费和投资。此外，每一个有效需求水平都相应于一定的收入分配。因而，进一步作出如此假设是合理的，即相应于既定的总有效需求水平，存在一个唯一的该有效需求在相同行业中的分配。

这些使我们能够清晰地了解到对应于一定的总就业量水平的各行业的就业量水平。也就是说，它可以告诉我们对应于每一个用工资单位计量的总有效需求水平，在各个特定行业的就业量，那么上面所定义的行业的第二种形式的就业函数，即 $N_r=F_r(D_w)$ 所要求的条件得到了满足。

这样一来，我们可以得到一个有利之处，那就是在这些条件下，单个就业函数在这个意义上是“添加剂”，也就是说，对应于一定水平的有效需求的整个行业的就业函数等于各个单个行业的就业函数的总和，用公式表示就是：$F(D_W)=N=\sum N_r=\sum F_r(D_w)$。

接着，我们可以再给就业弹性下个定义，对于一个既定行业来说，就业弹性的公式是：$e_{er}=\frac{dN_r}{dD_{wr}}\cdot\frac{D_{wr}}{N_r}$。

由于就业弹性衡量预期用于购买一个行业的产品的工资单位数量发生变动时，受雇于该行业的劳动单位的数量作出的反应，行业的总体就业弹性便可以写成：$e_e=\frac{dN}{dD_w}\cdot\frac{D_w}{N}$。

那么，只要我们能够找到准确的、有极大说服力的衡量产量的方法，那么给出所谓产量弹性或者生产弹性的定义也自然是有意义的。该弹性衡量任何一个行业所面临的用工资单位计量的有效需求增加时，该行业的产量的增加率就是：$e_{or}=\frac{dO_r}{dD_{wr}}\cdot\frac{D_{wr}}{O_r}$。

在这个基础上，只要我们假设价格等于直接成本，那么，我们就可以得到：$\Delta D_{wr}=\frac{1}{1-e_{or}}\cdot\Delta P_r$。在这个公式当中，$P_r$ 代表着预期利润[①]。由此可见，如果 $e_{or}=0$，也就是如果该行业的产量完全缺乏弹性，那么以工资单位计量的全部有效需求的增加量会被当作利润而属于雇主，也就是 $\Delta D_{wr}=\Delta P_r$；如果 $e_{or}=1$，也就是产量弹性为 1，那么在有效需求的全部增加量中，没有任何部分成为利润，全部被进入边际直接成本的因素所吸收。

除此之外，如果某一行业的产量是该行业雇用的劳动者数量的函数 ϕ

---

① 因为，如果 P_{WT} 代表的是用工资单位计量的单位产品的预期价格，那么则有：

$$\Delta D_{wr}=(p_{wr}O_r)=P_{wr}\cdot\Delta lO_r+O\Delta l\,P_{wr}$$
$$=\frac{D_{wr}}{O_r}\cdot\Delta lO_r+O\Delta l\,P_{wr};$$

从而 $O_r\Delta P_{wr}=\Delta D_{wr}(I-e_{or})$ 或者 $\Delta D_{wr}=\frac{O_r\Delta P_{wr}}{I-e_{or}}$；

但是 $O_r\Delta P_{wr}=\Delta D_{wr}-P_{wr}\cdot\Delta lO_r$

$=\Delta D_{wr}-$（边际直接成本）ΔlO_r

$=\Delta P_r$

因此 $\Delta D_{wr}=\frac{I}{I-e_{or}}\Delta P_r$

（Nr），那么，我们就可以得到[1]：$\frac{1-e_{or}}{e_{er}}=-\frac{N_r\phi'(N_r)}{p_{wr}\{\phi'(N_r)\}^2}$。

在上面的公式中，P_{wr} 是用工资单位计量的单位产品的预期价格。由此可见，$e_{or}=1$ 这个条件意味着 $\phi'(N_r)=0$，也就是随着就业量的增加，其报酬保持不变。

而古典经济学理论的前提是假设实际工资等于劳动的边际负效用，并还假设就业量增加时劳动的边际负效用也增加，从而得出，如果实际工资减少，其他条件不变，则劳动的供给将下降。这种说法实际上等于假设用工资单位计量的支出的增加是不可能的。如果这种理论是真实的，那么就业弹性这个概念就没有任何作用了。此外，在这种情况下，也就不可能通过用货币计量的支出的增加来增加就业量。因为货币工资会随着货币支出的增加而成比例地上升。所以用工资单位计量的支出不会增加，结果就业量也不会增加。

但是，如果古典经济学理论的假设不能成立，那么，就有可能通过增加以货币计量的支出来增加就业量，一直到实际工资下降到等于劳动的边际负效用，该点就是充分就业点。

在通常情况下，e_{or} 总是在 0 与 1 之间取值。因此当货币支出增加时，用工资单位计量的价格将上升的程度，也就是实际工资下降的程度，取决于产量弹性对用工资单位计量的支出的反映。

如果我们用 e'_{pr} 表示预期价格 P_{wr} 反映于有效需求 D_{wr} 变化的弹性，也就是：$\frac{dp_{wr}}{dD_{wr}}\cdot\frac{D_{wr}}{p_{wr}}$。

由于 $O_r\cdot P_{wr}=D_{wr}$，所以我们得到：$\frac{dO_r}{dD_{wr}}\cdot\frac{D_{wr}}{O_r}+\frac{dp_{wr}}{dD_{wr}}\cdot\frac{D_{wr}}{P_{wr}}=1$ 或者 $e'_{pr}+e_{or}=1$。

上面公式表示的意思是，价格和产量反映于有效需求变化的弹性之和等于 1。按照这个规律，有效需求的作用部分在于能够影响价格，部分在于能够影响产量。

如果我们所讨论的是整体行业，并且假设我们可以找到一种能计量整体产量的单位，那么运用同样论证可得 $e'_p+e_o=1$。其中，符号的右下方没有 r 这个符

① 因为，由于 $D_{wr}=P_{wr}\cdot O_r$，所以，$I=P_{wr}\cdot\frac{dO_r}{dD_{wr}}+O_r\frac{dP_{wr}}{dD_{wr}}=e_{or}-\frac{N_r\phi''(N_r)}{\{\phi'(N_r)\}^2}\cdot\frac{e_{er}}{P_{wr}}$。

号，意思就是这是对全社会的行业而言的。

现在，我们用货币代替工资单位来计量价值，并且把得到的结论推广到行业全体。如果我们将一个单位劳动的货币工资用 W 来表示，用 P 来代表用货币计量的一个单位总体产品的预期价格，那么，我们就可以把反映于用货币计量的有效需求的变化的货币价格弹性写成 $e_p=\frac{D}{P}\cdot\frac{dP}{dD}$，把反映于用货币计量的有效需求的变化的货币工资弹性写成 $e_w=\frac{D}{W}\cdot\frac{dW}{dD}$。

这样一来，我们就会很容易地表明：$e_p=1-e_o(1-e_w)$ ①

正像我们将在下一个章节所将要看到的那样，这个公式是货币数量论一般化的第一个步骤。如果 $e_o=0$ 或者 $e_w=1$，那么产量不会改变，价格将与用货币计量的有效需求同比例地上升。否则，价格将以较小的比例上升。

总有效需求和就业函数

现在，让我们再回过头讨论就业函数。在前面，我们曾经假设对应每一个水平的总有效需求，该总有效需求在各个行业产品之间只有唯一的一种分配方式。但总支出发生改变时，用于各个行业产品之间的相应的支出却不会同比例地变化。导致这种现象的原因是：当个人收入增加时，用于购买各个行业的产

---

① 因为，由于 $P=P_w\cdot W$，和 $D=D_w\cdot W$，我们可以得到：

$$\Delta P=W\Delta P_w+\frac{P}{W}\cdot\Delta W$$

$$=W\cdot e'_p\frac{P_w}{D_w}\Delta D_w+\frac{P}{W}\Delta W$$

$$=e'_p\frac{P}{D}\left(\Delta D-\frac{D}{W}\Delta W\right)+\frac{P}{W}\Delta W$$

$$=e'_p\cdot\frac{P}{D}\cdot\Delta D+\Delta W\frac{P}{W}(1-e'_p)$$

所以，$e_p=\frac{D}{P}\frac{dP}{dD}=e'_p+\frac{D}{p\Delta D}\cdot\frac{\Delta W\cdot P}{PW}(1-e'_p)$

$$=e'_p+e_w(1-e'_p)$$

$$=1-e_o(1-e_w)。$$

品的数量不一定会同比例增加，部分的是因为购买不同商品的支出增加时，不同商品的价格会作出不同程度的反应。

根据上面的分析我们可以作出推论，如果可以通过一种以上的方式将增加的收入花费掉，那么到现在为止，我们依次进行分析的假设：就业量的变化仅仅取决于工资单位计量的总有效需求的变化，只不过是一个非常接近的近似值而已。因为我们设想的总有效需求的增加在不同商品间的分配方式可以在相当程度上影响就业量。

例如，增加的有效需求大量流向具有高就业弹性产品，那么总就业量的增加便会大于有效需求大量流入低就业弹性产品的情形。

按照同样的方式，如果有效需求改变的方向是向着就业弹性相对较低的产品，总有效需求没有任何变动，就业量也会下降。

以上这些结论，对于分析短期的经济现象是非常重要的。这里我们所谓的短期，指的是时间短到无法预见有效需求的量和方向的改变。某些产品的生产需要时间，所以无法在短时间内增加它们的供给。这样一来，追加的需求突然引向它们，它们便会表现出一个低的就业弹性，即使真实的情况可能是给予充分准备的时间，它们的就业弹性也可能接近于 1。

我发现生产时期这个概念的主要意义正在这里。一种产品，依照我的说法[①]，如果对它的需求要有 n 个时间单位为既定的准备时间，而且这样它提供的就业弹性是最大的，那么就说该产品的生产时期为 n。在这个意义上，消费品作为一个整体显然就具有一个最长的生产时期。因为他们总是构成每一个生产过程的最后阶段。这样，如果对有效需求扩大的最初冲击来自消费的增加，则它的起始就业弹性低于最后均衡水平时的数值，更低于有效需求扩大的最初冲击来自投资增加时的起始就业弹性低于最后均衡水平时的数值。此外，如果增加的需求是个有相对较低的就业弹性的产品，则需求增加的大部分将会增大企业家们的收入，较小的部分增加工资劳动者和其他直接成本因素的收入。其结果将对支出产生不利影响。因为，企业家可能比工资劳动者从增加的收入中储蓄更多。然而，对这种情况不宜过分夸大，因为它们的反作用大体上是相同的。

---

① 这与通常的定义不同。但似乎对我来说，体现了该概念的意义所在。

除非在雇主的仓库里有大量的存货存在，否则即便在需求变动之前很长时间将可能变动的方向告知雇主们，反应在一定投资量增加的起始就业弹性也不可能和最后的均衡数值一样大。

另外，即便仓库中有存货存在，但剩余存货的消耗也是一种负投资，因而也会形成对投资量增加的一种抵消。

如果我们假设，在一个经济周期开始时，在生产的每个阶段都有过剩存货，初始的就业弹性可能接近于 1；当存货已经被吸收完毕，但在较早生产阶段生产的产品按照适当的速度形成供给增加到来之前，就业弹性将会下降；而当接近新的均衡位置时，就业弹性又重新上升趋向于 1。然而，这会遇到某些限制条件，因为当就业量增加时，租金因素可能吸收掉更多的支出额；利息率提高也会有同样的后果。由于这些原因，那么在一个处于变动中的经济体系中，价格的完全稳定是不可能的。除非有某种特殊机制，使消费倾向暂时发生适当程度的波动。但是，由此引起的价格的不稳定性不会导致一种利润刺激，从而造成多余的生产能力。因为价格不稳定性造成的意外收益将完全由那些拥有相对最后生产阶段的产品的企业家们获得，而那些不拥有适当种类的特殊资源的企业家们不可能把这种意外收益吸引到他们自己手中。这样，由于变动而不可避免地造成的价格不稳定性，不可能影响企业家们的行动，但只是把既成事实的意外财富投入幸运人们的怀抱。我想这一事实，在当代旨在稳定价格的实际政策的讨论中被忽略了。不过，在一个易于变动的社会中，也不能完全取得成功。但是，也不能由此而认为，价格每一次微小的暂时的不稳定，就必然造成累积的非均衡状态。

充分就业问题的变量

在前面我已经指出过，如果有效需求不足，人们愿意接受低于当下实际工资的工资但却仍然会出现的局面便不会出现。当有效需求增加时，就业量也随着增加，一直增加到这样一点，在该点上不再有多余的劳动者愿意接受当期实际工资。具体说就是：除非货币工资的上升比物价的上涨要快，否则没有更多的劳动者愿意从事劳动。那么，我们下一个需要考虑的问题就是：在达到这种状态以后，支出仍继续增加的后果将会是什么？

在这种状态到来之前，使用更多的劳动者于既定的资本设备所造成的报酬递减被劳动者愿意接受的递减的实际工资所抵销。在这种状态达到之后，则要增雇一个单位的劳动，就要有其报酬相当于产品增加量的等价作为吸引点。而增雇一个单位的劳动，却又会带来产品数量的递减。所以，在该状态之后，严格的均衡状态的条件，要求工资和物价以及利润，随着支出的增加同比例地增长。而包括产量和就业量在内的以实物量计量的“实际”均衡位置仍保持不变。就是说，在此时我们达到了这样一种状态，在这种状态下，粗略的货币数量论，也就是将货币流通速度解释为货币“收入流通速度”是完全适用的，因为产量不变而物价却和 MV 以完全相同的比例上升。

▶ **通货膨胀中贬值的货币**

当爆发严重的通货膨胀时，人们的名义收入虽然会大幅度上涨，但上涨的比例远远小于物价上涨的水平，从而导致了实际收入大幅度下降的反常现象。

但是，如果我们想要将上面的结论应用到现实里面，还要了解一些限制条件：

1. 至少在一段时间内，看到物价的上涨，雇主们会想着提升自己的产量，从而使就业量增加，一直增加到超过能使他们获得用产品计量的最大利润的水平。因为，他们的惯性思维认为，用货币计量的销售额的上升就意味着有扩大生产的可能性，以至于在这种政策事实上已经对他们不再有利的时候，他们却仍然意识不到，还会继续这样做下去。也就是他们可能在新的价格环境中，低估了他们的边际使用者成本。

2. 由于雇主们必须把他们利润的一部分以货币的形式支付租金，所以价格的上升即便没有任何产量的变化相伴随，也会让收入在雇主们和资本的提供者之间进行再分配，这种再分配很有可能对消费倾向起到反作用。

但是，这个过程并不是只有达到充分就业的时候才开始的。随着支出的增加，这个过程将会一直稳定地进行着。如果资本的所有者比雇主们更加节俭，那么和相反的假设（雇主们较少倾向于花费）相比，实际收入从资本所有者那里逐渐抽出将意味着，只要有货币量的少量增加和利息率的微小下调，就可以实现充分就业。而在实现充分就业之后，如果第一种假设，也就是资本的所有者较为节俭仍然存在，那么物价的上升将意味着利息率多少要上升以阻止物价无限制地上涨，意味着货币数量的增加将小于支出增加的比例。而如果是第二种假设事态，也就是雇主们相对比较节俭，继续存在时，那么情况则完全相反。如果资本所有者的实际收入减少，其减少达到一个相对贫困的境地，那么可能出现从上述第一种假设事态转变为第二种假设事态的情况，这个转折点可能出现在充分就业达到以前或者以后。

在通货膨胀与通货紧缩之间明显的非对称性，或许会让读者感到有点儿困惑。因为有效需求收缩到充分就业所要求的水平以下，便会压缩就业和物价。而有效需求通货膨胀到高于充分就业所要求的水平，则只会影响到物价而不会影响到就业。然而，这种非对称性只是这样一个事实的反映，那就是虽然当实际工资低于一定就业量的劳动边际负效用时，劳动者总是可以拒绝进行工作，从而让该就业量不能实现。但当实际工资不低于一定就业量的劳动边际负效用时，劳动者却不能强行就业，以使该就业量得以实现。

第三节
论社会价格

货币是构成市场经济的最重要的组成部分之一，在市场经济当中，我们用货币来衡量一切价值，所有的社会价格也可以用货币来表示。因此说，对于社会价格的研究，是以货币研究作为基础的。

在研究货币的时候，我们需要了解货币对于经济体系的重要性，货币与经济元素，尤其是与价格之间的关系，以及货币价格都受到哪些因素的影响。

货币与经济学体系

▶ 金银

因为金银有耐储存、自然储量小等特点，使它成为最好的货币符号，因而经济学领域称货币是天然金银。

如果你问一个经济学家什么是价值论？你总会听到他们这么说：价值论就是价格由供给和需求状况来决定，尤其是边际成本和短期供给弹性的变化，对价值的变动起着更大的作用。这种观点是浅显易懂的。

但是，当他们开始讨论货币和价格理论时，我们仿佛就进入了另外一个世界，浅显易懂的内容不会再有了，在这个世界里，价格由货币数量、货币的收入流通速度、相对交易量的流通速度、货币贮藏、强迫储蓄、通货膨胀和通货紧缩等多重因素共同决定。这些是复杂多变的，但又十分广泛的名词，与之前的供给和需求状况的概念很难联系起来。如果我们思考一下我们面对的最简单的经济学问题，那么在相对简单的讨论当中，我们似乎可以将供给弹性假设为零，假设需求和货币量成比例的变动。但在更复杂的讨论中，我们就什么都做不了了。我们习惯了月亮有时会在东边，有时会在西边，但我们却不知道连接东边和西边的道路，这就像我们有时是清醒的，有时却在梦中。

在前面我们进行了大篇幅的论述，目的就在于避免这种双重生活的困扰，把价格理论与价值论从总体上结合在一起。

古典经济学将经济学分成两个部分，一部分是价值论和分配论；另一部分

▶ 曾经作为货币的盐块

在人类不同的历史时期，都出现过以实物作为货币的情况，图为北非某地域的商人，以盐块作为等价物进行交换的场景。

是货币论，我认为这种划分其实是错误的。虽然我也主张分成两个部分，但我的两种划分是：一部分是关于单个行业或者企业的理论，研究一定量的资源如何在不同用途之间的分配，以及他们的回报如何；另一部分是关于社会总体的产量和就业量的理论。如果我们将研究的目光仅仅局限在单个行业或者企业，并且假设就业资源的总量固定不变，其他行业或者企业的情况也不变，那么我们的确就可以不必再考虑货币的重要特性；但是一旦我们研究的问题是什么决定整个社会的产量和就业量，那么我们必须建立起一套完整的货币经济理论。

不过，我们或许也可以按照静态均衡理论和动态均衡理论来划分经济学板块，在某一种经济体系当中，对预期的改变会影响到现在的事态。这种划分的基础是，货币之所以重要，是因为它联系的是现在和将来，我们可以先考虑一个我们对将来的看法固定不变，并且在各个方面都可靠的世界，在这个世界中，在正常经济动机的影响下，资源怎样在不同用途之间分配才符合均衡状态。在这之后，再将经济体系进一步区分为有变动和没有变动的。

这一切从开始就都可以预见，或者可以从简单化的基础知识进入研究现实世界的各种问题。在这个现实的世界中，我们作出的预期很可能不会真实发生，而现在对将来的预期可能影响我们今天的行为。

正是当我们从预期转移到现实世界时，我们才必须要考虑，货币作为连接现在和将来的环节的特性。虽然探寻移动均衡的理论必须依靠货币经济，但是它仍然保存价值论和分配论，而不是独立的“货币论”。货币的最主要的特质是联系现在和将来的一种微妙的手段，如果不适用货币，我们甚至就不可能开始讨论变动中的预期对当期活动的影响。我们即使能取消黄金、白银和法定支付工具，但也不可能彻底取消货币。只要存在耐久性的资产，它就有可能扮演货币的角色，因而也就会引起货币经济所特有的问题。

货币论需要考虑的5个复杂因素

对于一个单独的行业的价格水平来说，其决定性影响的是产业的规模和行业边际成本的生产要素的报酬率。而当我们要分析的是整个社会经济时，这个结论依然是有效的。一般的价格水平也要受进入边际成本的生产要素的报酬率和总体产量的影响，也就是受就业量的影响。对整个经济社会来说，真实的情况是，任何行业的生产成本都要受其他行业产量的影响。但我们必须要考虑更重要的变动，那就是需求的变动对成本和产量的影响。当我们讨论总需求时，也要在需求方面引入这个观点。

为了让读者更容易理解，我们可以假设进入边际成本的不同生产要素的报酬率都按照相同的比例变动，即随着工资单位作同比例的变动。这样，在设备和技术既定的前提下，一般价格水平就部分地取决于工资单位，部分地取决于就业量。因此，货币数量的变动对价格水平的影响可以认为是两种影响之总和：一是对工资单位的影响；二是对就业量的影响。

为了让这个观点更容易被读者所接受，我们对假设再做进一步的简化。一方面，假设所有未就业的资源在生产所需要的产品的效率上都是同质且可以互换的；另一方面，假设只要有多余的未就业劳动者存在，进入边际成本的生产要素就不会要求增加现行的货币工资。

在这两个假设的前提下，只要存在有任何失业，货币数量的增加就不会对价格有什么影响；并且就业量的增加将与货币数量增加所导致的有效需求的增加保持同一比例。与此同时，一旦达到充分就业，那么之后与有效需求的增长作同比例增长的是工资单位和价格。

由此可见，只要有失业，供给就会有完全弹性，而一旦达到充分就业，供给弹性则完全丧失掉了。这里我们再假设，有效需求与货币数量会呈现同比例的变动，那么货币数量论可以做如下的阐述：只要有失业存在，就业量将和货币数量同比例地变动；而当充分就业存在，价格将和货币数量同比例地变动。

通过引进足够数量的简单化假设，让我们能够使传统的货币数量论得以成立，但在此之后，我们还需要考虑在现实中可能影响事情的一些复杂因素，它们分别是：

1. 有效需求和货币数量呈不同比例地变动；

2. 因为资源不是相同性质的，所以在就业量逐渐增加时，资源的报酬是递减的；

3. 因为资源在生产中不能互换，所以即便某些商品已经处在供给缺乏弹性的状态下，但其他商品仍然可能还有未就业的资源存在；

4. 在实现充分就业以前，工资单位可能趋向上升；

▶ 货币、贸易和战争

在历史上，因为贸易和货币引发的战争屡见不鲜，或者可以说，战争本就是对经济问题的一种极端解决方式。

5. 进入边际成本的生产要素的报酬并不总是同比例地变动。

所以，我们必须首先考虑货币数量的变动对有效需求量变动的影响。一般来说，有效需求的增加会部分地使就业量增加，部分地会提高价格水平。这样，实际后果不是有失业存在情况下的价格固定不变，也不是在充分就业情况下的价格与货币数量同比例上升，而是价格随着就业量的增加而逐渐上升。也就是说，价格理论既然是分析货币数量的变动与价格水平变动的关系，着眼于决定价格对货币数量变动的弹性，所以它就必须研究以上所列的 5 个复杂因素。

对于上面列出的 5 个复杂因素，我们会依次进行分析。但这并不意味着它们是严格互相独立的。例如，有效需求的增长会影响产量增加和价格提高上的比例，可能影响货币数量同有效需求呈相关联的方式。又如，生产要素报酬不同比例地变动也会影响货币数量同有效需求量的关系。

我们分析上面5个复杂因素的目的，并不在于提供一种机械的或者盲目操作的方法，从而让我们得出一个标准性的答案，而是为我们提供一种解决具体问题的系统的和有秩序的思想方法。而且，我们对复杂的因素，进行孤立的分析并得出暂时性的结论之后，我们又必须回过头来，尽可能顾及这些复杂因素之间的可能的相互关系。这就是经济学思维的性质，如果没有这种思维方式，那么无论思考上面任何问题，都必将会误入歧途。

就像我们在本节下面所要讲的那样，用虚假的数学方法把一个经济分析体系加以公式化和形式化，最大的问题就在于它明确地假设所包含的各个因素之间是严格相互独立的。如果这个假设不能成立，那么建立在假设上的方法就没有说服力了。

在通常的论述中，我们并不是盲目地推导什么结论，而是知道我们想要证明些什么，我们的文字要表现什么样的经济学原理。我们可以把必须保留的限制条件和以后我们一定会调整的都“保存于我们的头脑之中”，但不能把偏微分所简化掉的复杂关系保存在几页代数稿纸的“背面”，而在这几页代数的推导中，又假设这些偏微分的导数都等于零。这些不过是近来一些“数理”经济学家们的理论混合品，这个领域的理论还不如它所依赖的初始假设那样精准，有这种观点并对经济学进行研究的人，他最终会迷失在数字的迷雾中，而对现实世界真实发生的事情却弃之不顾。

5个复杂因素的解析

这里，相对于上面的5个复杂因素，我们需要做一番详细的解释：

第一，货币数量的变动通过利息率来影响有效需求量，如果这是唯一的反作用，那么在数量上的作用可以从三个因素中推导出来：1. 流动性偏好表，它告诉我们为了让持有者愿意持有新增加的货币量，利息率将必须下降多少。2. 资本边际效率，它告诉我们，一定的利息率的下降会使投资量增加多少。3. 投资乘数，它告诉我们，一定数量的投资的增加会使整个有效需求量增加多少。

这种分析虽然对我们的研究提供了有价值的程序和方法，但我们忘记了上

▶ 货币的利息变动

因为各种各样的原因，市场上的货币利息总是在不断地变动着。

一节中讲到的前三个因素，其本身也部分地取决于我们尚未做详细解析的一些复杂因素，那么这种方法就未免显得有些过于简单了。

因为流动性偏好本身取决于收入和工业流通需要吸收多少新增加的货币数量，而这种工业流通的大小又取决于有效需求量增加了多少，以及有效需求的增加量对价格上升、工资增加和产量等就业量的变动诸方面的影响又如何分割。

此外，资本边际效率表又部分地取决于货币数量的增加所造成的事态对将来货币诸方面预期的影响。最后，投资乘数又会受到由于有效需求的增加而产生的新收入的增加量在不同消费者阶层中的分配方式的影响。

以上这些，虽然不是5个复杂因素互联之间的全部影响，但如果我们能够掌握全部事实数据，那么我们就可以从足够多的联合成立的方程式中，获得确定性的成果。例如，我们会得到一个准确的有效需求的增加量。这个增加量在考虑到各项事物之后，将与货币量的增加量相适应，并且与之处于均衡状态。此外，只有在异常例外的情况下，货币数量的增加才会与有效需求量的减少相联系。

有效需求量与货币量之比，大致可以相当于我们通常称呼的“货币的收入流通速度”，这两者的不同之处在于：有效需求相当于能够启动生产的预期收入，而不是实际实现了的收入。但是，“货币的收入流通速度”只是一个解释不了什么问题的名词，我们没有理由认为它是一个常数，因为正像我们在前面的论述中所表明的那样，它取决于许多复杂的和可变的因素。所以，贸然使用这个名词会掩盖住很多真正的因果关系，而且除了造成不必要的理解混乱之外，其不会具有什么实际的意义。

第二，就像我们在本书开篇中表明的那样，报酬递减和报酬不变的区分，部分地取决于工人们是否能够确定得到和他们的效率成比例的报酬，如果是肯定的，那么在就业量增加时，我们就会有一个固定不变的供货币工资来计量的劳动成本。但是，如果劳动者的工资是统一的，那么不管设备的效率如何，我们将会有一个上升的劳动成本。此外，如果设备不是同样性质的，那么使用它的某一部分会造成单位产品的较大的直接成本。这样，在劳动成本的增加所造成的成本之外，还有另一个使边际直接成本持续增加的因素。

所以普遍地说，在既定设备的产量增加时，供给价格就会增加。这样，不论工资单位是否变动，产量的增加总会伴随着价格上升。

第三，在上一节的第二点的论述中，我们仔细考虑了供给曲线不完全有弹性的可能性。如果具有专业素质的尚未就业的资源，在数量上保持着完全平衡的关系，那么各种未就业的资源就会同时达到充分就业。但普遍地说，对某些劳务和商品的需求会达到一个水平，超过它，劳务和商品的供给可能会暂时地失去弹性。而在其他方向上，仍然有大量多余资源没有就业。这样在产量增加时，就会陆续地出现一系列限制。在这里，某些商品的供给不再有弹性，那么它们的价格就必然上升到必要的程度，以便让需求转向其他方向。

只要社会上还存在各种类型的、可以利用的、有效的、尚未被安置在就业岗位上的资源，那么一般价格水平的上升，就很可能不会像产量的增加那样巨大。但是，产量一旦增加到足够的程度开始接近“瓶颈”时，某些商品的价格就可能会急剧上涨。

然而，在第三项以及之前的第二项中，供给的弹性还要取决于时间的长短，如果有足够的时间使设备本身的数量也发生了变动，那么供给的弹性最终无疑会更大。这样，在失业普遍存在的情况下，有效需求的温和变动便可能让价格上涨得很少，而主要是让就业量增加。但如果有效需求变动很剧烈，而且是在预见之外的，那么就会造成某些暂时的限制，使价格上升而不是就业量增加，其程度会随着时间

▶ **用工荒**

未充分就业迫使雇主不得不提高待遇，以吸引更多的人进行就业。

的推移而慢慢减弱。

第四，毫无疑问的是，在社会达到充分就业之前，工资单位可能会趋向上升。在其他条件不变的前提下，由于每个工人群体会因为工资的增加而受益，所以自然会创造工资上升的条件，如给雇主们的压力。如果在经营状况良好时，雇主们也愿意满足这种需求，所以，有效需求任何增加的一部分就都有可能被为满足工资单位的向上趋势所吸收。

正因如此，充分就业就有一个最后的临界点，在该点上，相应于用货币计量的有效需求的增加，货币工资会和工资品价格的上升保持相同比例。但在达到这个临界点之前，还有若干个连续的较早的半临界点。在这些半临界点上，有效需求的增加倾向于提高货币工资，虽然不是充分地与工资品价格的上升保持相同比例。在有效需求减少时，情况也是类似的。

在我们的实际经验中，以货币计量的工资单位，对于每一次有效需求的较小变动，往往是不连续的。这些临界点之所以并不连续性，是由工人们的心理以及雇主们和工会的各项政策决定的。

在一个开放的经济体系内，上述工资单位的变动意味着相对于其他国家的工资成本的变动。而在一个经济周期内，甚至在一个封闭的经济体系内，工资单位的变动也意味着相对于预期的工资成本的变动。所以，这些不连续的半临界点具有相当大的现实意义，因为当经济体系处于这些点上时，用货币计量的有效需求的进一步增加会造成工资单位不连续的上升。从某种观点来看，这可以被看作半通货膨胀状态，它和绝对的通货膨胀有某些类似之处。而所谓绝对的通货膨胀，指的是在充分就业的状态下，有效需求再增加必然造成的一个结果。

▶ **逐渐增加的企业成本**

在一个未充分就业的社会中，企业的成本会因为雇用劳动者的困难程度增强，而不断增加。

第五，我们首次的简单化包括一种假设，就是进入边际成本的不同生产要素的报酬都按照相同的比例变化。但事实上，以货币计量的不同生产要素的报酬率往往表现出不同程度的刚性，而且相对应货币报酬的改变，还具有不同的供给弹性。如果不是这样，那么我们可以说价格水平是由两个因素决定的：工资单位和就业量。

边际成本中最重要的因素是边际使用者成本，它可能会与工资单位作不同比例的变动，而且波动幅度也往往较大。因为在就业状况开始改进时，如果有效需求增长使普遍的对于设备必须重置的日期的预期有较快的改变，那么边际使用者成本便可能急剧增加。

出于多种目的，我们假设进入边际直接成本的所有生产要素的报酬随着工资单位的改变而同比例地改变，这或许是一个更好的对边际直接成本中的生产要素的报酬采取加权平均的办法，我们将它称为成本单位。

我们可以将成本单位或工资单位认为是最根本的价值标准，在技术和设备既定的前提下，价格水平将部分地取决于成本单位，部分地取决于产量规模。因为按照短期内报酬递减的原理，在产量增加时，价格水平上升的比例会大于成本单位上升的比例。当产量增加到一个水平，在该水平上代表各种生产要素的一个单位边际产品，等于足够生产该产量的生产要素所要求的最低报酬，这时充分就业便实现了。

有效需求函数的解读

当有效需求量的进一步增加不再作用于产量的增加，而将全部的影响作用在一个与有效需求的增加完全成比例的成本单位上时，经济体系就达到了一种接近于真正的通货膨胀的情况。在到达这个点之前，货币数量的扩大完全是程度问题，因为现实中并不存在这样一个点，让我们可以在那里宣称通货膨胀已经到来了。

在此之前，每一次货币数量的增加对于有效需求量的增加来说，可能会部分作用于成本单位的提高，部分作用于产量的增加。所以在达到通货膨胀的临界水平的两边，就会有一种不对称的现象。因为，当有效需求下降到这个临界水平以下时，它用成本单位计量的数量就要减少；而当有效需求扩大到这个临界水平以上时，一般来说，将不会使它用成本单位计量的数量有所增加。这个结果来自一种假设，生产要素，特别是工人们，总是倾向于不接受降低劳动报酬，而更乐于接受货币报酬的增加。这个假设的事实依据是，如果货币报酬的变动不是普遍性的，那么某些特殊的生产要素将因为它的报酬的增加而受益，因为报酬的减少而受损。

相反，每当就业量有小于充分就业的趋向，货币工资会无限制地下降时，不对称的情况就会消失。但是在这个情况下，充分就业水平以下便没有稳定的状态，一直到利息率不可能进一步降低或者工资成为零为止。事实上，要想使我们的货币经济体系变得更加稳定，某种生产要素用货币计量的价值即使不是固定的，也至少应该确定是紧密性的。

认为任何货币数量的增加都是通货膨胀这个观点，与古典经济学理论的基本假设有着密切的联系，这个假设是我们总处在这样一种情况，就是当生产要素的实际报酬减少时，它们的供给将会降低。

这里，我们用在上面章节中引入的符号，对上面的论述作出数学解释：

首先，我们得出一个公式：MV=D。在这个公式中，M 代表的是货币数量，V 代表的是货币的收入流通速度，D 代表的是有效需求。

在这个公式之下，如果 V 是个常数，那么只要 $e_p=\frac{DdP}{PdD}$，价格就和货币数量呈同比例变动。如果 $e_o=0$ 或 $e_w=1$，那么 $e_p=1$ 的条件就可以得到满足。$e_w=1$，那么 $e_p=1$ 意味着用货币计量的工资单位和有效需求同比例地提高，因为 $e_w=\frac{PdW}{WdD}$。$e_o=0$ 意味着产量不再对有效需求的任何进一步增加作出反应，因为 $e_o=\frac{DdO}{OdD}$。产量在这两种场合的任何一种场合下都不会改变。

如果 V 不是常数，那么在讨论这种情况时就需要引进了另一个弹性概念，即有效需求反映于货币数量的弹性，写成：$e_d=\frac{M}{D}\cdot\frac{dD}{dM}$。

这使我们得到：$\frac{M}{P}\cdot\frac{dP}{dM}=e_p\cdot e_d$，其中 $e_p=1-e_e\cdot e'_o(1-e_w)$。

因此，$e=e_d-(1-e_w)e_d\cdot e_e\cdot e'_o=e_d(1-e_e\cdot e_o+e_e\cdot e'_o\cdot e_w)$。在这里，右下

方没有符号的 $e=\frac{M}{p}\cdot\frac{dP}{dM}$，作为金字塔的尖顶，用来衡量货币价格对货币数量变动的反映。

从上面的公式当中我们可以得出一个结论，那就是价格可以反映在货币数量改变的成比例的变动上。所以，上面的公式可以被看作货币数量论的一个一般的表述。我本人对这种推导方式并不做过多的解读，并且我还要警告读者的是，这种推导和普通的谈话一样，暗含着把变量当作自变量之类的假设。因此，我很怀疑这种推导对我们到底有多大的帮助。

当我们想严肃地表示价格和货币数量之间的关系时，用推导的方式把它们写下来，其最好的目的或许是，可以把这种关系的极端复杂性表现出来。虽然是这样，但我们指出了，货币数量的变动对价格的影响取决于 e_d、e_w、e_e 和 e_0 这四项因素，还是有价值的。

e_d 代表着流动性偏好因素，决定在各种情况下对货币的需求；e_w 代表着劳动因素，决定着就业量增加时，货币工资提高的程度；e_e 和 e_0 代表物质因素，决定在现有的设备上增加劳动者就业时的报酬递减率。

如果公众将他们的收入以固定比例的货币的形式持有，那么 $e_d=1$；如果货币工资固定不变，那么 $e_w=0$；如果规模收益在全部生产过程中不变，从而边际收益等于平均收益，那么 $e_e e'_0=1$；如果劳动或者设备都处于完全就业状态，则 $e_e e'_0=0$。

现在，如果 $e_d=1$，$e_w=1$；或者如果 $e_d=1$，$e_w=0$，$e_e e'_0=1$；或者 $e_d=1$，$e'_0=0$，那么就有 e=1。在特殊场合下，还可能有 e=1，但一般说来，e 并不等于 1。并且我们可以作出这样的概括：在关系到现实世界似乎有道理的一系列假设下，以及除掉“脱离开通货膨胀”的情况，在其中 e_d 和 e_w 变动很大，而 e 一般总是小于 1 的。

长期内货币与价格间关系

以上内容主要是讨论短期内货币数量的变动对价格的影响。但在一个较长

▶ 火车与马车

19 世纪爆发的第二次工业革命彻底改变了世界本来的面貌，让人类进入大机器生产的电气时代。

的时间里，这两者的关系是否会比较简单一些呢？解答这个问题，我们需要对历史的情况进行某种总结。

如果在历史上，流动性偏好的状态有某种长期一致性的倾向可以衡量，并采取其在悲观时期和乐观时期一起的平均值，那么在国民收入和为满足流动性偏好所要求的货币数量之间就有某种粗略的关系。

例如，在一个较长的时间里，国民收入中可能有一个相对稳定的比例以货币的形式存在着。而公众又不愿意以呆滞差额的形式将货币长期持有。那么，除非利息率超过公众心理能接受的最低水平，否则前者就不会大于后者。所以，如果超过经济活跃状况下流通所要求的货币数量大于上述国民收入的比例，那么利息率就会有下降到临近最低水平的趋势。在其他条件不变的情况下，利息率的下降会增加有效需求，有效需求的增加会达到一个或者多个半临界点，在这些半临界点上，工资单位表示出不连续的上升趋向，伴随着对价格的相应的影响。如果多余的货币数量仅仅在国民收入当中占一个很低的比例，那么趋势则刚好相反。这样在一个时期内，利息率波动的净影响会形成一个平均数，以匹配国民收入与货币数量之间的稳定的比例。

这些趋势在经济上行时受到的阻力，比经济下行时所遇到的阻力要小。但如果货币数量在较长的时间处在不足的状态中，那么我们通常不会用压低工资单位的方式来解决它，一个更巧妙的方法是变革货币本位或者货币制度以提高货币数量。所以，从较长的时期来看，价格差不多总是向上的。因为在货币相对充裕时，工资单位上升。在货币相对较为短缺时，某种手段就会被发现没有增加有效的货币数量。

19 世纪平均每隔十年，人口增长、新发明的出现、地域的发现、公众的信心、战争的爆发等因素，会和消费倾向一起建立起一个资本边际效率表，在这个表中，合理的平均就业水平与高利息率可以实现相互协调。

▶ **繁荣的社会**

当整个社会实现充分就业，社会资源分配合理，资本利息率保持正常，自由市场经济发达，就会促使整个社会层面的繁荣。

现有资料证明：在差不多 150 年里，在大金融中心的长期典型利息率大约是 5%，信用可靠的证券的利息率为 3%～3.5%。并且可以证明这些利息率是非常低的，低到足以促进一种投资量与一种平均较低的就业量相协调。有时，工资单位会受到调整，以确保以工资单位计量的货币数量能充分满足正常的流动性偏好，而利息率又不是低于上面指出的标准利息率太多。

总的来说，通常工资单位的趋势是稳定向上的，与此同时，劳动的效率也是增加的。这样，力量平衡的结果使价格保持相当的稳定。根据索贝克物价指数，1820—1914 年，5 年平均的最高值只比最低值高 50%。这是因为那个年代力量均衡的结果。当时，雇主群体的力量是很强大的，足以阻止工资单位的上升不至过高于生产效率的增长，而且当时的货币体系同时既很灵活又很保守，提供了一个用工资单位计量的平均货币供给量，使银行的利息率处于财富所有者在他们的流动性偏好的影响下所能接受的最低平均水平。这时，平均就业量水平当然会低于充分就业很多，但是也没有低到令社会难以忍受从而引发劳动者革命的地步。

出于种种原因，我们今天和可以预见的未来，资本边际效率会比 19 世纪时低很多。所以，我们当下面对的很多尖锐和独特的问题，全是起因于这一点。要保持一个合理的平均就业量水平，又让财富所有者不能接受的较低的平均利息率水平，这些仅依靠控制货币数量是不能很容易地建立的。只要能保证用工资单位计量的货币的适量供给，就能够得到10年、20年、30年平均的过得去的就业水平。那么面对当下的问题，即如果足够程度的通货贬值是我们所需要的一切，我们今天肯定也能找出解决问题的办法。

然而到目前为止，在我们当代的经济体系中最稳定的，将来也可能是最稳定、最不容易变动的因素是财富所有者一般能够接受的最低利息率。① 如果一个过得去的就业水平要求的利息率远远低于19世纪的平均利息率，那么我们不仅要怀疑，这是否只是通过控制货币数量就能够达到的。资本边际效率代表借款者从借款中所预期得到的百分比的收益，从中还需刨除三个部分：第一，把贷出者和借款者聚集在一起的费用；第二，所得税和附加税；第三，贷出者索要的补偿其风险和不确定性的扣除。从收益中减去这些项目以后的剩余才是净收益、净盈余能够诱使财富所有者牺牲他的流动性偏好，如果在过得去的就业水平条件下，这个净收益低到微不足道的程度，那么这个知名的办法也就被证明无效了。

最后，再让我们回到当前的主题，流动性偏好决定了国民收入和货币数量的长期关系、长期价格的稳定与不稳定取决于工资单位上行趋势的力量和生产体系效率的增加率之比。

① 巴杰霍特引用的19世纪的一个谚语："约翰牛（英国）可以经受得住许多事情，但却经受不住2%的年息。"